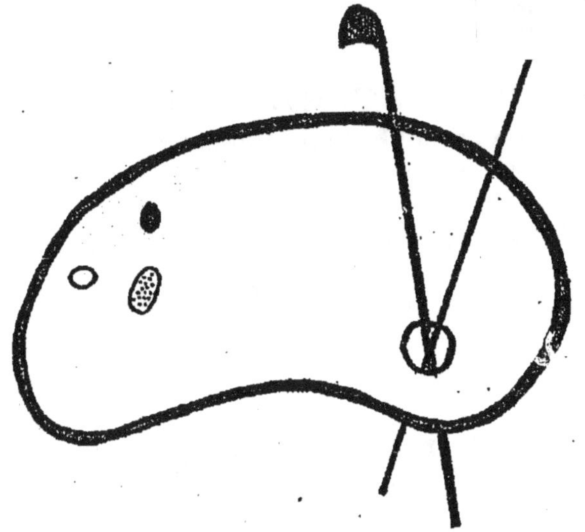

DEBUT D'UNE SERIE DE DOCUMENTS
EN COULEUR

SCIENCE ET RELIGION
Etudes pour le temps présent

LE MOUVEMENT RELIGIEUX
EN ANGLETERRE AU XIXᵉ SIÈCLE

I

L'ANGLICANISME

PAR LE

R. P. RAGEY

Mariste

PREMIÈRE ÉDITION

PARIS
LIBRAIRIE BLOUD ET BARRAL
4, RUE MADAME ET RUE DE RENNES, 59
1900

SCIENCE ET RELIGION

Études pour le temps présent. — Prix : 0 fr. 60 le vol.

— **Certitudes scientifiques et certitudes philosophiques,** par le
R. P. DE LA BARRE, S. J., prof. à l'Institut catholique de Paris.   1 vol.
— *Du même auteur :* **L'Ordre de la nature et le Miracle.**   1 vol.
— **L'Ame de l'homme,** par J. GUIBERT, supérieur du séminaire de
l'Institut catholique de Paris.   1 vol.
— **Faut-il une religion ?** par l'abbé GUYOT.   1 vol.
— *Du même auteur :* **Pourquoi y a-t-il des hommes qui ne pro-
fessent aucune religion ?**   1 vol.
— **Nécessi é scientifique de l'existence de Dieu,** par P.
COURBET.   1 vol.
— *Du même auteur :* **Jésus-Christ est Dieu.**   1 vol.
    id.   **Convenance scientifique de l'Incarna-
tion.**   1 vol.
— **Etudes sur la pluralité des mondes habités et le dogme de
l'Incarnation,** par le R. P. ORTOLAN
  I. — *L'Epanouissement de la vie organique à travers les plaines de
l'infini.*   1 vol.
  II. — *Soleils et terres célestes.*   1 vol.
  III. — *Les Humanités astrales et l'Incarnation.*   1 vol.
— *Du même auteur :* **La Fausse Science contemporaine et les
Mystères d'Outre-tombe.**   1 vol.
    id.   **Vie et Matière ou Matérialisme et spiritua-
lisme en présence de la Cristallo-
génie.**   1 vol.
    id.   **Matérialistes et Musiciens.**   1 vol.
— **L'Au-delà ou la Vie future d'après la foi et la science,** par
l'abbé J. LAXENAIRE.   1 vol.
— **Le Mystère de l'Eucharistie. — Aperçu scientifique,** par
l'abbé CONSTANT.   1 vol.
— *Du même auteur :* **Le Mal,** sa nature, son origine, sa répa-
ration.   1 vol.
— **L'Eglise catholique et les Protestants,** par G. RONAIN.   1 vol.
— *Du même auteur :* **L'Inquisition,** son rôle religieux, politique et
social.   1 vol.
— **Mahomet et son œuvre,** par I. L. GONDAL, professeur d'apolo-
gétique et d'histoire au séminaire Saint-Sulpice.   1 vol.
— *Du même auteur :* **L'Eglise Russe.**   1 vol.
— **Christianisme et Bouddhisme** (*Etudes orientales*), par l'abbé
THOMAS, vicaire général de Verdun.   2 vol.
— *Du même auteur :* **Dieu auteur de la vie.**   1 vol.
    id.   **La Fin du monde d'après la Foi.**   1 vol.
— **Où en est l'hypnotisme,** son histoire, sa nature et ses dangers,
par A. JEANNIARD DU DOT, auteur du *Spiritisme dévoilé.*   1 vol.
— *Du même auteur :* **Où en est le Spiritisme.**   1 vol.
    id.   **L'Hypnotisme et la science catholique.** 1 vol.
    id.   **L'Hypnotisme transcendant en face de la
philosophie chrétienne.**   1 vol.

— **L'Apologétique historique au XIXe siècle. La Critique irréligieuse de Renan**, etc.. par l'abbé Ch. DENIS.   1 vol.

— **Nature et Histoire de la liberté de conscience**, par l'abbé CANET.   1 vol.

— **L'Animal raisonnable et l'Animal tout court**, par C. de KIRWAN.   1 vol.

— **La Conception catholique de l'Enfer**, par l'abbé BRÉMOND. 1 vol.

— **L'Attitude du catholique devant la Science**, par G. FONSEGRIVE.   1 vol.

— *Du même auteur* : **Le Catholicisme et la Religion de l'Esprit.**   1 vol.

— **Du Doute à la Foi**, par le R. P. TOURNEBIZE, S. J.   1 vol.

— *Du même auteur* : **Opinions du jour sur les peines d'outre-tombe.**   1 vol.

— **La Synagogue moderne**, sa doctrine et son culte, par A. F. SAUBIN.   1 vol.

— *Du même auteur* : **Le Talmud et la Synagogue moderne.** 1 vol.

— **Evolution et Immutabilité de la doctrine religieuse dans l'Eglise**, par M. PRUNIER, supérieur de grand séminaire.   1 vol.

— **La Religion spirite**, son dogme, sa morale et ses pratiques. par I. BERTRAND.   1 vol.

— *Du même auteur* : **L'Occultisme ancien et moderne.**   1 vol.

— **L'Hypnotisme franc et l'Hypnotisme vrai**, par le Docteur HÉLOT.   1 vol.

— **L'Eglise et le Travail manuel**, par l'abbé SABATIER.   1 vol.

— **Unité de l'espèce humaine**, *prouvée par la similarité des conceptions et des créations de l'homme*, p. le marquis de NADAILLAC.   1 vol

— *Du même auteur :* **L'Homme et le Singe.**   2 vol.

— **Le Socialisme contemporain et la Propriété**, par M. G. ARDANT.   1 vol.

— **Pourquoi le Roman à la mode est-il immoral et pourquoi le Roman moral n'est-il pas à la mode ?** p. G. d'AZAMBUJA.   1 vol.

— **Comment se sont formés les Evangiles ?** par le P. Th. CALMES, professeur au grand séminaire de Rouen.   1 vol.

— **L'Impôt et les Théologiens**, *Etude philosophique, morale et économique*, par le comte de VORGES, ancien ministre plénipotentiaire, membre de l'Académie de Saint-Thomas, etc., etc.   1 vol.

— *Du même auteur :* **Les Ressorts de la Volonté et le libre arbitre.**   1 vol.

— **Nécessité mathémathique de l'existence de Dieu.** *Explications. — Opinions, Démonstrations*, par René de CLÉRÉ.   1 vol.

— **Saint Thomas et la Question juive**, par Simon DEPLOIGE, professeur de l'Université Catholique de Louvain.   1 vol.

— **Premiers principes de Sociologie Catholique**, par l'abbé NAUDET.   1 vol.

— **La Patrie.** — *Aperçu philosophique et historique*, par J. M. VILLEFRANCHE.   1 vol.

— **Le Déluge de Noé et les races Prédiluviennes**, par C. de KIRWAN.   2 vol.

— **La Saint-Barthélemy**, par Henri HELLO.   1 vol.

— **L'Esprit et la Chair.** *Philosophie des macérations*, par Henri LASSERRE, auteur de *Notre-Dame de Lourdes*, etc., etc.   1 vol.

— **Le Problème Apologétique**, par l'abbé C. Mano, docteur en philosophie. 1 vol.

— **Le Levier d'Archimède ou la Mécanique céleste et le Céleste mécanicien**, p. le R. P. Ortolan. 2 vol.

— **Ce que le Christianisme a fait pour la femme**, par G. d'Azambuja. 1 vol.

— **L'Hypnotisme et la Stigmatisation**, par le Dr Imbert-Gourbeyre. 1 vol.

— **L'Education chrétienne de la Démocratie**, *essai d'apologétique sociale*, par Ch. Calippe. 1 vol.

— **La Religion catholique peut-elle être une science ?** par l'abbé G. Frémont. 1 vol.

— *Du même auteur :* **Que l'Orgueil de l'Esprit est le grand écueil de la Foi**, *Théodore Jouffroy, Lamennais, Ernest Renan.* 1 vol.

— **La Révélation devant la Raison**, par F. Verdier, supérieur de Grand Séminaire. 1 vol.

— **Confréries musulmanes.** — *Histoire, Discipline, Hiérarchie,* par le R. P. Petit. 1 vol.

— **Pratique de la Liberté de conscience dans nos Sociétés contemporaines**, par l'abbé Canet. 1 vol.

— **Comment peut finir l'Univers**, d'après la science, par C. de Kirwan. 1 vol.

— **Les Théories modernes de la Criminalité**, par le Docteur Delassus. 1 vol.

— **Faillite du Matérialisme**, par Pierre Courbet, 3 vol. *se vendant séparément :*

I. — *Historique.* 1 vol.

II. — *Discussion ; l'atome et le mouvement.* 1 vol.

III. — *Discussion ; l'éther, le gaz, l'attraction. Conclusion.* — *Appendice.* 1 vol.

— **Le Globe terrestre**, par A. de Lapparent, Membre de l'Institut, professeur à l'Ecole libre des Hautes Etudes, 3 vol. *se vendant séparément.*

I. — *La Formation de l'écorce terrestre.* 1 vol.

II. — *La nature des mouvements de l'écorce terrestre.* 1 vol.

III. — *La Destinée de la terre ferme et la Durée des temps.* 1 vol.

— **De la Connaissance du Beau**, *sa définition, application de cette définition aux beautés de la nature,* par l'abbé Gaborit, archiprêtre de la Cathédrale de Nantes. 1 vol.

— **Le Diable dans l'Hypnotisme**, par le docteur Ch. Hélot. 1 vol.

— **De la Prospérité comparée des nations protestantes et des nations catholiques**, *au point de vue économique, moral, social,* par le R. P. Flamérion, S. J. 1 vol.

— **L'Art et la Morale**, par le P. Sertillanges, dominicain, docteur en théologie. 1 vol.

— **La Sorcellerie**, par I. Bertrand. 1 vol.

— **Qu'est-ce que l'Ecriture sainte ?** *Les Livres inspirés dans l'antiquité chrétienne : Théorie de l'inspiration,* p. le P. Th. Calmes. 1 vol.

(DEMANDER LA LISTE DES NOUVEAUX OUVRAGES PARUS)

ST-AMAND (CHER). — IMPRIMERIE DESTENAY, BUSSIÈRE FRÈRES

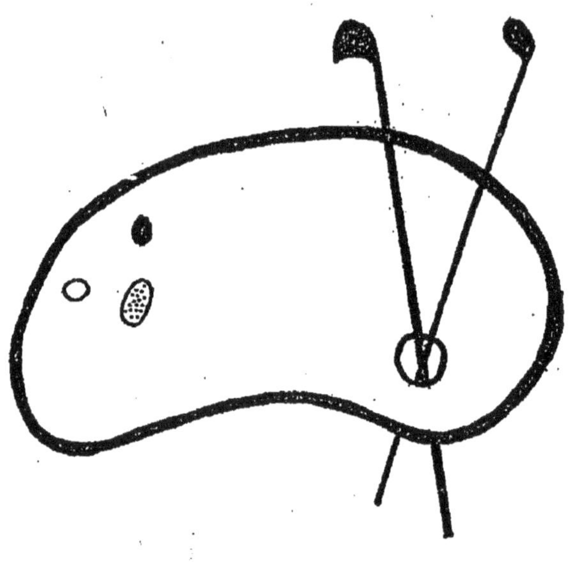

FIN D'UNE SERIE DE DOCUMENTS
EN COULEUR

SCIENCE ET RELIGION
Etudes pour le temps présent

LE MOUVEMENT RELIGIEUX
EN ANGLETERRE AU XIXᵉ SIÈCLE

I

L'ANGLICANISME

PAR LE

R. P. RAGEY

Mariste

PARIS

LIBRAIRIE BLOUD ET BARRAL

4, RUE MADAME ET RUE DE RENNES, 59

1900

Vu le rapport qui m'a été fait sur un opuscule intitulé :
« **L'ANGLICANISME** » composé par un de nos religieux,
le R. P. RAGEY, et l'attestation qu'il ne blesse en rien la
foi catholique, j'autorise l'auteur, en ce qui me concerne, à
le faire imprimer.

Sainte-Foy-lès-Lyon, le 8 décembre 1899.

A. MARTIN
Sup. Gén. S. M.

Imprimatur
Parisiis die 21 Januarii 1900.

† Fr. Card. RICHARD
Arch. Parisiensis.

LISTE DES OUVRAGES ET DES PÉRIODIQUES CITÉS DANS CET OPUSCULE.

—

— Sancti Gregorii Magni opera.
— The Dublin Review.
— L'âme anglicane par M. Chapman, ministre anglican converti.
— The Book of Common Prayer with introduction, analyses and notes by Alfred Barry.
— The Lambeth Conference of bishops of the anglican Communion in July 1897.
— The comedy of Convocation in the English Church, in two scenes edited by archideacon Chasuble D. D.
— The Month.
— The English Churchman.
— Cranmer : Answer to Gardner.
— Redley : Injonction.
— Latimer : Disputation at Oxford.
— Becon : The supplication.
— Jowel : Answer to Harding.
— Revue anglo-romaine.
— Newman : The tract 90th.
— Pusey : Eirenicon.

— Keble : Catholic subscription to the xxxi Articles.
— Holy Baptism by Darwell Stone Principal of Dorchester Missionary College.
— The Spectator.
— Westminster Gazette.
— Lettres inédites de Lamennais publiées par M. Arthur du Bois de la Villerabel.
— Alfred Lord Tennyson. A memoir by his Son.
— The Nineteenth Century.
— The Guardian.

L'ANGLICANISME

L'anglicanisme est une institution nationale qui conserve extérieurement la forme d'une Eglise. Le nombre des ouvrages qu'on a publiés depuis plus de trois siècles sur cette institution est si considérable qu'en les réunissant, ils formeraient à eux seuls une grande bibliothèque. Malgré ces ouvrages les uns anciens, les autres récents, l'anglicanisme est peu connu en France.

La première chose à faire connaître quand on veut donner de l'anglicanisme une idée sommaire, la seule prétention que nous puissions avoir dans ce modeste opuscule, c'est son organisation extérieure, son budget et son clergé.

§ I. — *Organisation exterieure de l'anglicanisme. Son budget et son clergé. Les fidèles.*

L'Eglise d'Angleterre fut fondée et organisée par saint Grégoire le Grand. Il la divisa en deux provinces ecclésiastiques : celle de Cantorbéry et celle d'York, en décrétant que la seconde serait soumise à la première, et que l'archevêque de Cantorbéry serait le primat de toute l'Angleterre. A saint Augustin qui lui demandait quelle serait sa situation par rapport aux évêques des Gaules, saint Grégoire répondit :

« Nous ne vous accordons aucune autorité sur les évêques des Gaules; mais nous confions à votre fraternité le soin de tous les évêques de la Grande-Bretagne. Ce sera à vous d'instruire ceux d'entre eux qui seront dans l'ignorance, d'affermir par vos exhortations ceux qui seront faibles, et de corriger par votre autorité ceux qui se donneraient des torts (1). »

Cette organisation a été conservée à la société qui, en rompant avec le Saint-Siège, a cessé d'appartenir à l'Eglise catholique, et n'est plus une Eglise proprement dite. La fausse Eglise qui est appelée l'Eglise anglicane possède encore aujourd'hui son archevêque de Cantorbéry qui est le métropolitain de la province de Cantorbéry, et le primat de toute la Grande-Bretagne. Elle possède un archevêque d'York qui est le métropolitain de la province d'York. Enfin elle possède dans ces deux provinces trente-deux évêques.

C'est la reine qui nomme ces archevêques et ces évêques. Quand un archevêque ou un évêque a été nommé, il se fait sacrer. Dès qu'il est sacré, il se rend au palais de la reine, il revêt son grand costume ecclésiastique, et un secrétaire l'introduit, en suivant un cérémonial convenu, auprès de Sa Majesté. L'archevêque ou l'évêque se met à genoux devant cette femme, il baise la Bible, et il prononce le serment suivant :

Moi,   docteur en théologie, élu, confirmé et sacré évêque de   déclare ici que Votre Majesté est le seul gouverneur suprême en ce royaume des choses tant spirituelles que temporelles, et qu'aucun prélat ni aucun prince n'a de juridiction

(1) Régist. Epist. lib. XII, Indict. VII, épist. 31.

dans ce royaume; et je reconnais que je tiens cet évêché, aussi bien au spirituel qu'au temporel, uniquement de Votre Majesté. Et pour les biens temporels de cet évêché, je fais présentement hommage à Votre Majesté. — Que Dieu me vienne en aide — que Dieu sauve la reine Victoria.

Avec ses anciennes formes l'Eglise anglicane d'Angleterre devenue schismatique et hérétique a conservé ses anciennes richesses, et ses revenus annuels s'élèvent à 136,725,000 francs. Le traitement de l'archevêque de Cantorbéry est de 375,000 francs, celui de l'archevêque d'York et de l'évêque de Londres de 250,000 francs.

Le nombre des clergymen dépasse 20,000. Parmi ces 20,000 clergymen 13,566 bénéficiers se partagent un revenu annuel de 106,700,000 francs.

Il s'en faut que tous les clergymen émargent à ce budget colossal. Un grand nombre sont pauvres au point qu'il est nécessaire de leur venir en aide par des souscriptions et des dons volontaires.

Un nombre assez considérable des membres du clergé anglican n'embrassent la carrière ecclésiastique qu'après de fortes études, et sont des esprits vraiment cultivés. « La plupart d'entre eux, dit un ministre anglican converti, M. Sydney H. Little, la plupart d'entre eux, aujourd'hui encore, sont des hommes d'étude et des gentilhommes. Néanmoins, parmi les diverses branches des connaissances, la théologie est la dernière qu'on puisse vraisemblablement leur attribuer. Les connaissances théologiques requises dans les écoles ne sont nullement avancées. On a bien conservé l'épreuve de l'examen que fait subir l'évêque. Mais un mois passé à « se bourrer » met un jeune homme intelligent en état d'en surmonter tranquillement les difficultés, et, à cette époque où l'état ecclésiastique a perdu son ancien prestige, les évêques ne se pressent pas d'écarter des sujets qui ont fréquenté les Universités, quand à une bonne conduite ils joignent de bonnes recommandations. C'est ainsi que cet étudiant de quelques semaines se trouve tout d'un coup être un curé (1). »

Il existe bien quelques écoles de formation pour le clergé anglican; mais personne n'est obligé de passer par ces écoles, encore peu nombreuses, et elles sont peu fréquentées (2).

Voilà pour le clergé. Disons maintenant un mot des fidèles.

Il est d'abord à remarquer qu'ils ne forment pas la majorité de la population de la Grande-Bretagne. Cette population est évaluée à environ trente-huit millions d'habitants, et le nombre des membres de l'Eglise anglicane ne dépasse pas quinze millions. Encore pour arriver à ce chiffre faut-il compter parmi les membres de l'Eglise anglicane tous ceux qui sont nés dans son sein et qui, n'ayant fait aucune démarche positive pour en sortir, sont censés lui appartenir, quoiqu'ils ne pratiquent d'ailleurs aucune de ses lois et ne suivent ni ses offices, ni ses cérémonies. Quand les statistiques viennent à établir le nombre des pratiquants, de ceux qui prennent part à la Cène, des communiants, *communicants*, comme on dit en Angleterre, au lieu du chiffre de quinze millions c'est celui de 1,701,499 qu'elles nous donnent.

(1) *The Dublin Review*, oct. 1894. The conversion of England by Sydney H. Little. — A l'appui de ses assertions sur l'ignorance du clergé anglican en matière religieuse, M. Sydney H. Little invoque le témoignage du savant chanoine Oakeley qui affirme que, sauf de rares exceptions, il est nécessaire d'apprendre le catéchisme élémentaire aux ministres anglicans convertis, et qu'il en a rencontré qui ignoraient jusqu'aux vérités fondamentales du christianisme.

(2) Nous engageons ceux de nos lecteurs que cette question intéresse à lire ce que dit à ce sujet M. Chapman, et la description qu'il donne de la très intéressante école de Cuddesdon au chapitre VI de l'*Ame anglicane*.

Le reste de la population est composé de catholiques, de juifs, et surtout de *dissidents*, c'est-à-dire de protestants appartenant aux nombreuses sectes qui ne reconnaissent pas l'Eglise anglicane, telles que les méthodistes, les baptistes, les unitariens, les quakers, etc., etc.

Même quand ils sont pratiquants, les anglicans sont, en général, très ignorants en matière de religion. Les ministres, peu instruits eux-mêmes, ne songent guère, pour la plupart, à instruire leurs paroissiens. Rien ne les y oblige que leur conscience, et leur conscience est, sur ce point, d'ordinaire fort peu éclairée. Il y a là un abus déplorable qu'un ministre anglican converti, M. Chapman, fait très bien ressortir.

« C'est un grand malheur, dit-il, que le pain matériel manque à des milliers d'affamés ; c'en est un plus grand encore que le pain spirituel manque à des milliers d'âmes affamées de Dieu. Le pain spirituel, l'Eglise d'Angleterre ne le leur donne point, et elle ne peut le leur donner, et souvent ses ministres n'en ont pas même la pensée.

« ..... Toute la foi catholique est contenue dans le symbole, et il n'est pas un enfant des écoles catholiques qui ne puisse en donner l'explication. Et chez nous que savent de ce symbole les esprits cultivés eux-mêmes ?

« ..... J'ai rencontré une personne d'un âge mûr, douée d'une grande intelligence, qui n'avait pas été confirmée et qui avait été élevée dans les écoles nationales de l'Eglise d'Angleterre. Je lui dis : « Je ferai ce que je pourrai pour vous mettre en rapport avec un clergyman, mais je dois commencer par vous demander si vous êtes de la Haute Eglise, de la Basse Eglise, ou de l'Eglise Large, car il y a entre ces trois sections une différence considérable. »

« Cette personne me répondit : « J'ai le regret de dire que je ne suis rien ».

« — Vous avez été élevée dans les écoles de l'Eglise d'Angleterre ; ne pouvez-vous pas vous rappeler quelques-uns des enseignements qui vous y ont été donnés ? » — Elle ne le put pas.

« Je lui dis alors : « Qu'entendez-vous par ces paroles du *Credo : Qui s'incarna par l'opération du Saint-Esprit dans le sein de la Vierge Marie ?* »

« Elle me répondit : « Je n'en sais rien du tout, et je me suis souvent demandé ce que cela voulait dire.

« — Avez-vous été longtemps domestique ?

« — Dix ans.

« — Pendant tout ce temps-là, est-ce que pas un clergyman n'est allé vous voir, vous et les autres domestiques de la maison où vous étiez ? Est-ce que jamais un clergyman ne vous a parlé de Dieu ?

« — Jamais ; vous êtes le premier gentleman à qui j'entends parler de religion ».

« Ce n'est là qu'un exemple entre mille (1). »

Qu'on remarque bien cette observation de M. Chapman : *Ce n'est là qu'un exemple entre mille.*

§ II. — *Le Prayer-Book.*

L'anglicanisme est tout entier dans le *Prayer-Book* et les XXXIX articles. Il est donc nécessaire que nous donnions une idée sommaire du *Prayer-Book* et des XXXIX articles.

Le *Prayer-Book* qu'on appelle aussi *The Book of Common Prayer, Le livre de la prière en commun*, est le rituel, le missel, l'ordinal de l'Eglise

(1) *L'âme anglicane*, par M. Horace Chapman. Ouvrage traduit de l'anglais avec une introduction par le P. Ragey, chap. xxiii, p. 286 et suiv.

anglicane, et il faudrait dire son bréviaire si les psaumes qui composent en partie la prière du matin et la prière du soir telles qu'elles sont indiquées dans le *Prayer-Book* représentaient vraiment notre bréviaire.

Le premier *Prayer-Book* fut publié en 1549, sous le règne d'Edouard VI. Il portait ce titre qui indique assez son but : *Book of Common Prayer and administration of the sacraments and other rites, and ceremonies of the Church, after the use of the Church of England*, Livre de la prière en commun et de l'administration des sacrements et autres rites et cérémonies de l'Eglise, selon l'usage de l'Eglise d'Angleterre. Il subit plusieurs modifications dans la suite. La rédaction actuelle remonte à 1662. Depuis cette époque, il n'y a pas été touché.

Le *Prayer Book* substitue l'usage de la langue anglaise à celui de la langue latine dans tous les offices et toutes les cérémonies. Au lieu de la sainte messe, un service froid et sec appelé le *Souper du Seigneur* ou la *Sainte Communion*. Tout a été calculé pour écarter des rites et des prières qui constituent cet office, appelé le *Souper du Seigneur*, l'idée de sacrifice, et pour abolir la messe.

Une *déclaration* insérée depuis 1552 dans la plupart des éditions du *Prayer-Book*, au bas des rites et prières de la *Sainte Communion* ou *Souper du Seigneur* montre bien l'abîme qui existe entre le service protestant et le saint sacrifice de la messe. La rubrique indiquant qu'on doit se *mettre à genoux, Kneeling*, on a craint que cette posture ne fût considérée comme un acte d'adoration impliquant la foi à la présence réelle, et on a inséré dans le *Prayer-Book* cette note appelée la *Déclaration de la génuflexion* ou la *rubrique noire, Black rubric :*

« Comme il a été réglé dans cet office pour l'administration du *Souper du Seigneur* qu'on devrait se mettre à genoux pour recevoir la communion — règlement qui a pour but de nous faire humblement reconnaître les bienfaits accordés par le Christ à tous ceux qui la reçoivent dignement et d'éviter les profanations et désordres qui pourraient se produire sans cela — cependant, de peur que cette action de se mettre à genoux ne soit, par ignorance ou faiblesse, par malice ou obstination, mal interprétée par certaines personnes, on déclare ici qu'on n'a par là en vue aucun acte d'adoration, soit à l'égard du pain et du vin sacramentels qu'on y reçoit corporellement, soit à l'égard de n'importe quelle présence de la chair et du sang naturel du Christ. Car le pain et le vin sacramentels conservent leur véritable substance naturelle et par conséquent ne doivent pas être adorés, et le corps naturel et le sang de notre Sauveur le Christ sont dans les cieux et non ici : il est contraire à la véritable nature du corps naturel du Christ d'être en plusieurs endroits en même temps. »

Que cette rubrique ait été insérée dans le *Prayer-Book* par ordonnance royale, c'est fort possible ; mais il n'en est pas moins vrai qu'elle est devenue la règle de la foi d'un grand nombre d'anglicans. Cette rubrique, en effet, est acceptée par l'Eglise anglicane, et le *Prayer-Book* est le paroissien des anglicans. Il est, après la Bible, le livre qu'ils lisent le plus et qui leur inspire le plus de confiance. Leurs évêques eux-mêmes les invitent à lui accorder cette confiance.

A la suite de la Conférence de Lambeth, en juillet 1897, les 194 évêques anglicans qui y avaient assisté, publièrent une « Encyclique » où ils disaient :

« Le *Livre de la prière en commun*, le *Prayer-Book*, est immédiatement, après la Bible elle-

même, la règle la plus autorisée de la doctrine de
la communion anglicane. Les grandes doctrines de
la foi y sont clairement exposées dans leurs vraies
proportions relatives. »

Ce n'est pas que l'Eglise anglicane impose ou
interdise la croyance à la Présence réelle. Elle
laisse chacun libre sur ce point comme à peu près
sur tous les autres. On peut, si l'on veut, considérer cette rubrique comme une interpolation sans
autorité et adorer « le pain et le vin sacramentels »
comme contenant, de la manière qu'on jugera la
plus plausible, le corps et le sang de Notre-Seigneur. Dans l'Eglise anglicane, « il n'est plus aucun point de la révélation chrétienne qui soit matière de certitude. Chaque article de foi est devenu
un sujet de controverse sur lequel on discute, en
chaire, dans la presse, dans les conférences publiques et au foyer domestique. La Babel des
langues est la seule voix vivante qu'on entende
dans l'Eglise d'Angleterre, cette cité de confusion (1) ».

Sous le bénéfice de cette observation très juste
et très nécessaire, il est vrai de dire que l'Eglise
anglicane a sa doctrine à elle. Cette doctrine est
contenue dans *Prayer-Book* et dans les XXXIX articles.

§ III. — *Les XXXIX articles.*

Nous aurons suffisamment fait connaître l'autorité des « XXXIX articles de religion », et le rôle
qu'ils jouent dans l'Eglise anglicane, quand nous
aurons dit qu'aucun clergyman ne peut être or-
donné sans qu'il ait déclaré, par écrit, qu'il adhère

(1) M. Chapman. — *L'âme anglicane*, p. 287.

à ces XXXIX articles « d'un consentement sincère et qui n'a rien de feint », et qu'il ait pris l'engagement écrit et signé de ne jamais rien enseigner de vive voix ou par écrit de contraire à n'importe lequel de ces articles.

Or, ces articles qui lient si étroitement et si fortement les membres du clergé anglican, sont schismatiques et hérétiques.,

L'article XXXVII dit formellement : « L'évêque de Rome n'a aucune juridiction dans le royaume d'Angleterre ».

On ne saurait exprimer plus clairement le schisme. Quant à l'hérésie, on la trouve dans un grand nombre d'articles. Il nous suffira d'en citer quelques-uns.

L'article XIX intitulé : *De l'Eglise*, est ainsi conçu :

« L'Eglise visible de Jésus-Christ est la société des fidèles, dans le sein de laquelle est prêchée la pure parole de Dieu et où les sacrements sont administrés conformément à l'ordre du Christ dans toutes les choses nécessaires à leur administration. Comme l'Eglise de Jérusalem, l'Eglise d'Alexandrie et l'Eglise d'Antioche ont erré, l'Eglise de Rome, elle aussi, a erré ; elles se sont trompées non seulement en ce qui regarde les mœurs et les cérémonies, mais aussi sur les matières de foi. »

Et quels sont ces sacrements qui doivent être administrés dans la véritable Eglise ? L'article XXV va nous le dire :

« Il y a deux sacrements institués par Notre-Seigneur Jésus-Christ dans l'Evangile, c'est-à-dire le baptême et la Cène du Seigneur. Quant aux cinq autres communément appelés sacrements, c'est-à-dire la confirmation, la pénitence, l'ordre, le mariage et l'extrême-onction, ils ne doivent pas être mis au nombre des sacrements de l'Evangile. »

Et ce sacrement de la Cène du Seigneur que

l'Eglise anglicane consent à reconnaître, qu'en fait-elle ? Il y a quatre articles qui répondent à cette question. L'article XXVIII et l'article XXXI suffiront à nous fixer.

Voici ce que dit l'article XXVIII :

« La transsubstantiation du pain et du vin ne peut être prouvée par les saintes Ecritures ; elle est contraire aux textes clairs de l'Ecriture, elle détruit l'essence du sacrement et a donné lieu à de nombreuses superstitions. Dans la Cène le corps du Christ est donné, reçu, mangé, mais seulement d'une manière divine et spirituelle, et le moyen par lequel le corps du Christ est reçu et mangé dans la Cène est la foi. D'après l'institution du Christ on ne conservait pas, on ne portait pas, on n'élevait pas et on n'adorait pas le sacrement de l'Eucharistie. »

L'article XXXI complète cette théorie hérétique :

« L'offrande du Christ faite une seule fois est la rédemption parfaite, la propitiation et la satisfaction pour tous les péchés du monde entier, originels aussi bien qu'actuels ; il n'y a, en dehors de celle-là, aucune satisfaction pour le péché. C'est pourquoi les sacrifices de messes où, disait-on communément, le prêtre offrait le Christ pour les vivants et pour les morts, n'étaient que fables impies et tromperies dangereuses. »

Citons encore l'article XXII, et nous nous en tiendrons là :

« La doctrine de l'Eglise romaine en ce qui concerne le purgatoire, les indulgences, le culte et l'adoration tant des images que des reliques, ainsi que l'invocation des saints, est une invention frivole qui n'est appuyée sur aucun texte de l'Ecriture, mais plutôt contraire à la parole de Dieu. »

§ IV. — *Les trois partis de l'Eglise anglicane. La Basse Eglise et la Haute Eglise.*

On ne saurait se faire, par la lecture du *Prayer-Book* et des XXXIX articles, qu'une idée très imparfaite des opinions religieuses et du culte de l'Eglise anglicane. Cette Eglise est divisée en trois partis qui, sous le rapport de la doctrine et du culte, diffèrent considérablement entre eux. Ces trois partis sont la Basse Eglise, la Haute Eglise et l'Eglise Large. Commençons par faire connaître les deux premiers.

La Basse Eglise est le parti des anglicans qui suivent rigoureusement, timidement, servilement, sans y rien ajouter, les prescriptions profondément protestantes, et les cérémonies pauvres, arides et glacées du *Prayer-Book*. De plus, ils s'en tiennent, en fait de doctrine, aux XXXIX articles strictement interprétés dans le sens protestant par leurs pères du xviie et du xviiie siècle.

Le parti de la Haute Eglise, au contraire, adopte des cérémonies qu'on ne trouve nullement dans le *Prayer-Book*. Il en est venu à reprendre peu à peu presque toutes les cérémonies et toutes les magnificences du culte catholique. Il prétend, au grand scandale de la Basse Eglise, qu'on peut ajouter au *Prayer-Book*.

Le parti de la Haute Eglise admet aussi les XXXIX articles. C'est une servitude dont les clergymen ne peuvent s'affranchir. Mais ils donnent à ces articles des interprétations qui se rapprochent considérablement de la doctrine catholique, et plusieurs, à la suite du Dr Pusey, vont jusqu'à soutenir qu'il ne s'y trouve rien qui soit contraire aux enseignements du concile de Trente.

« Je me rappelle avoir demandé, raconte le Père Clarke dans la revue des Pères Jésuites anglais, *The Month,* je me rappelle avoir demandé autrefois à un *Fellow* de l'une de nos Universités (1), à l'époque où la souscription des XXXIX articles était exigée pour obtenir cette position, comment il pouvait s'arranger avec sa conscience pour signer cinq cents propositions doctrinales auxquelles, au fond du cœur, je le savais, il ne croyait pas. La réponse qu'il me fit caractérise bien une école qui, très certainement, existe parmi les anglicans d'un esprit cultivé. « On me dit, me répondit-il, que chacune de ces propositions est susceptible d'au moins quatre explications différentes ; il serait bien étrange que je ne pusse accepter aucune des quatre (2). »

Il n'existe de croyance commune sur tous les points ni parmi les membres de la Basse Eglise, ni parmi ceux de la Haute Eglise. Dans les deux partis chacun croit ce qui lui semble vrai, sans s'inquiéter des autres. Ceux des anglicans qui se rapprochent du catholicisme au point de revendiquer toutes ses *notes* comme appartenant à leur Eglise et qui vont jusqu'à prendre le nom de « catholiques » sont de la Haute Eglise. Ceux qui persistent dans l'éloignement du catholicisme dont leurs pères leur ont donné l'exemple, appartiennent à la Basse Eglise. Ils tiennent à s'appeler *protestants.* On leur donne aussi le nom d'*évangéliques.*

Dans un livre piquant et plein d'intérêt intitulé : *La Comédie de la Convocation,* un ministre anglican converti, M. Marshall, trace, ou plutôt fait tracer par un des personnages qu'il met en scène,

---

(1) *Fellow* veut dire *associé.* Le titre dont il s'agit ici s'obtient par un concours et confère une sorte de bénéfice.

(2) *The Month. The Vitality of anglicanism,* March, 1899, p. 267.

un portrait des *protestants* qui est d'une ressemblance parfaite, et nullement chargé.

« Avant l'apparition du Puséisme les protestants ignoraient d'une manière si délicieuse qu'il y eut d'autres chrétiens qu'eux sur la terre, et mettaient une telle simplicité à refuser de tenir compte des formes latines, grecques ou orientales du christianisme qu'à l'époque où commença, il y a peu d'années, « le mouvement catholique », comme on l'appela, des flots de lumière pénétrèrent tout d'un coup dans les antres où ils espéraient vivre tranquilles le reste de leurs jours, et ils furent stupéfaits d'entendre leurs voisins déclarer qu'à la faveur de cette lumière nouvelle ils découvraient des choses merveilleuses, tandis qu'eux ne voyaient rien. Cette lumière les aveuglait. En cet état, ils commirent naturellement une foule de bévues, trébuchant au lieu de marcher, tombant parfois à plat ventre, et ils finirent par devenir extrêmement ridicules... Les Puséistes dont les principaux se distinguaient par leur esprit et leur *humour* se contentèrent de rire à leurs dépens. Il y eut lutte entre les deux écoles, mais ce fut toujours un *impar congressus*. Ces pauvres protestants sont immédiatement mis au pied du mur. Leurs beaux jours sont passés (1). »

Les *protestants* laissent les *ritualistes*, comme ils appellent les membres de la Haute Eglise, hausser les épaules et se gausser d'eux tout à leur aise. Ce n'est pas d'avoir de l'esprit qu'il s'agit, répondent-ils ; c'est d'avoir l'esprit de l'Eglise d'Angleterre, « Dans la crise présente, il est d'une grande importance de s'expliquer clairement. Nous nous expliquerons donc clairement sur les points suivants :

(1) *The Comedy of Convocation in the English Church*, p. 126.

. « 1º L'Eglise d'Angleterre regarde Rome comme *n'étant pas la véritable Eglise du Christ*. Elle tient pour certain que Rome est *idolâtre au témoignage de la Sainte Ecriture, et simplement une prostituée, et l'Antechrist,* et que *elle est éloignée d'être la véritable Eglise au point qu'il est impossible de l'être davantage ;* car *elle ne conserve pas la pure et sainte doctrine de Jésus-Christ* (Homélies).

« Nos évêques et tous les membres du clergé anglicans ont souscrit à cette doctrine le jour de leur ordination.

« 2º L'Eglise d'Angleterre affirme que le pape est *un faux prophète du Christ,* un *ennemi,* un *traître envers Dieu, n'appartenant pas au Christ, plein de blasphème et chargé d'une horrible impiété* (Homélies (1). »

Les citations que fait ici l'*English Churchman,* organe de la Basse Eglise, sont empruntées aux *Homélies* expressément recommandées par les XXXIX articles, et qui, comme les XXXIX articles eux-mêmes, font loi pour l'Eglise anglicane. Voici ce que dit à ce sujet le XXXVe article :

« Le second livre des Homélies dont on avait réuni les différents titres dans cet article contient une doctrine divine, saine et nécessaire dans les temps présents. »

C'est cette doctrine « divine » que professent encore aujourd'hui les membres de la Basse Eglise. Ils la professent envers et contre tous. Les ritualistes ne cessent de leur dire : Laissez donc vos vieilles déclamations contre le papisme. Il n'est plus de mode aujourd'hui de dire que le pape est l'antechrist. C'est un évêque comme un autre. Il est l'évêque de Rome. Nous sommes même en mesure de vous prouver par l'histoire et les conciles qu'il est le patriarche de l'Occident.

(1) *The English Churchman.* Numéro du 15 juillet 1897.

A tout cela les protestants n'ont qu'une réponse :
ce n'est pas là ce que nous ont dit nos pères. Ce
n'est pas l'esprit de la Réforme. Ce n'est pas l'esprit protestant. Nous sommes nés protestants, nous
voulons demeurer protestants.

— Demeurez protestants, disent les ritualistes.

Depuis une soixantaine d'années, les ritualistes
disent encore à ces tenants d'un protestantisme
d'un autre âge : Ne fermez donc pas les yeux à la
lumière qui vous inonde. Ne demeurez donc pas
étrangers aux résultats des recherches et des études
de toute sorte que les esprits les plus pénétrants
poursuivent autour de vous. Ne vous obstinez donc
pas, en particulier, à nier que la présence de Notre-
Seigneur dans l'Eucharistie est réelle, objective,
indépendante de la foi du communiant, et que ce
sacrement renouvelle le sacrifice du calvaire, et
que les ministres qui offrent le sacrifice non san-
glant sont des prêtres. Etudiez donc l'histoire de
la primitive Eglise, et aussi l'histoire de l'Eglise au
Moyen Age et jusqu'à la Réforme. Lisez donc les
Saints Pères, les conciles. Lisez au moins l'*Eirenicon* de Pusey. Vous verrez alors toutes les vérités
que vous niez vous apparaître dans une lumière
qui vous crèvera les yeux.

Même réponse : Nous sommes des anglicans et
nous nous en tenons aux croyances de l'Eglise anglicane. Nous n'avons besoin d'étudier ni l'histoire, ni les Saints Pères, ni les Conciles, ni
l'*Eirenicon* de Pusey. Nos saints Pères à nous, ce
sont Cranmer, Ridley, Becon, Jewel.

Cranmer dit : « Les papistes soutiennent que le
Christ est présent dans le pain et dans le vin ; nous
disons, nous, suivant la vérité, qu'il est présent en
ceux qui mangent et boivent dignement le pain et
le vin » (1).

(1). *Answer to Gardner*, 3ʳᵈ book, p. 52.

Ridley a renversé les autels papistes et les a remplacés par une simple table en disant :

« On se sert d'un autel pour un sacrifice, les hommes n'ont besoin que d'une table » (1).

« Dans le sacrement du corps et du sang du Christ, disait Latimer, je n'ai jamais trouvé ni chair, ni sang, ni os » (2).

« Les papistes, écrivait Becon, ont introduit leurs autels de bouchers » (3).

Et Jewel répondait à Harding : « Le corps du Christ n'est mangé que par la foi et pas autrement » (4).

Voilà nos Saints Pères, disent les *protestants*. Si vous en admettez d'autres, c'est que vous êtes des catholiques. De plus, nous avons nos XXXIX articles de religion auxquels nous avons pris, le jour de notre ordination, l'engagement de nous en tenir, et le XXVIIIᵉ de ces articles dit nettement que « la transsubstantiation est contraire aux textes clairs de l'Ecriture » et que « le corps du Christ est donné, reçu, mangé, mais d'une manière divine et spirituelle ».

Il faut interpréter les XXXIX articles ! disent les ritualistes en haussant les épaules.

C'est ce que les ritualistes font. Ils acceptent les XXXIX articles, mais ils les *interprètent*.

Ainsi l'article XXV dit formellement et le plus clairement possible qu'il n'y a que deux sacrements : le baptême et la Cène du Seigneur. Les ritualistes, qui ont étudié la tradition, voient clairement aussi que l'Eglise en a toujours admis sept. Ils en admettent sept. Quant à l'article XXV, il ne les gêne pas le moins du monde. « L'Eglise ro-

(1) *Injonction*, p. 322.
(2) *Disputation at Oxford*, p. 267.
(3) *The supplication*, p. 229.
(4) *Answer to Harding*, p. 449.

maine, disent-ils, et les Eglises orientales comptent sept sacrements ; l'Eglise anglicane seulement deux. Voilà, apparemment, un grand différend et qui cependant se réduit à une pure question de définition. L'expression de sacrement a été réservée par l'Eglise anglicane aux deux rites expressément mentionnés dans l'Evangile, suivant la distinction établie par beaucoup de Pères et de théologiens » (1).

Du reste on juge inutile de nous faire connaître ces nombreux Pères et ces nombreux théologiens.

Les ritualistes interprètent l'article XXXI qui déclare que « les sacrifices des messes où, disait-on communément, le prêtre offrait le Christ pour les vivants et pour les morts, n'étaient que fables impies et tromperies dangereuses » en ce sens que la messe est la continuation du sacrifice du Calvaire et que les ministres anglicans sont des prêtres sacrificateurs.

Newman, encore anglican, a donné l'exemple de ces interprétations. Dans son tract 90, il s'exprime ainsi :

« Les fables impies dont parle l'article XXXI, c'était l'enseignement qu'il y a un autre sacrifice pour le péché que la mort du Christ, et que les messes sont ce sacrifice. Les illusions dangereuses consistaient à faire de cette croyance un moyen de lucre malhonnête. »

Pusey dit à son tour dans son *Eirenicon* :

« L'énergie même des expressions employées au sujet de *ces sacrifices de messes* qui sont déclarés des *fables impies et des tromperies dangereuses*, l'emploi du pluriel, et l'observation *dans lesquels on disait communément*, montrent que ce n'est pas *du*

(1) L'Eglise anglicane vue du dedans par M. SPOTISWOODE dans la *Revue anglo-romaine*, t. I, p. 103.

sacrifice de la messe que parle l'article XXXI, mais
de l'habitude de compter sur l'achat des messes à
l'heure de la mort, et de négliger une sainte vie,
le repentir et la grâce de Dieu et sa miséricorde
pendant qu'on est en bonne santé » (1).

Dans un écrit qui a pour titre : *La souscription
aux XXXIX articles*, le célèbre Keble, qui donna
la première impulsion au mouvement d'Oxford, a
justifié ces interprétations en posant ce principe
que « l'on doit souscrire aux articles dans le sens
qu'ont eu en vue ceux qui ont exigé cette souscription » (2). Or, l'assemblée ecclésiastique qui, en
1571, rendit cette souscription obligatoire, enjoi-
gnit aux prédicateurs « d'enseigner ce qui est con-
forme à l'ancien et au nouveau Testament et aux
enseignements qu'en ont tirés les anciens Pères ».

Ce ne sont pas seulement les XXXIX articles
que les ritualistes interprètent avec cette hardiesse:
c'est le *Prayer-Book*, ce sont les saints Pères, les
conciles et surtout la Sainte Ecriture. Les protestants connaissent aussi ces interprétations fantaisistes ; mais outre que leurs ressources intellec-
tuelles ne leur permettent pas de s'y livrer avec
une aussi grande intempérance, ils les réservent
généralement pour la Sainte Ecriture, et encore ils
ne les font pas ordinairement d'eux-mêmes, mais
parce qu'elles sont indiquées, on peut même dire
commandées par leurs théologiens, leurs saints
Pères, et surtout par les XXXIX articles. Ainsi,
l'article XXVII, que nous avons cité plus haut,
leur commandant de croire que la transsubstantiation ne peut être prouvée par la Sainte Ecriture, ils
s'arrangèrent de manière à lire la Sainte Ecriture
sans y trouver les preuves de la transsubstantiation
et même de manière à y trouver une preuve qu'elle

(1) *Eirenicon*, I, p. 25 et 26.
(2) *Catholic subscription to the XXXIX articles*, p. 13.

n'existe pas. C'est vraiment bien facile. D'abord Notre-Seigneur annonce aux Juifs qu'il leur donnera sa chair à manger, et comme les Juifs scandalisés s'écrient : « Comment celui-ci peut-il nous donner sa chair à manger » ? le Sauveur reprend : « En vérité, je vous le dis, ma chair est vraiment une nourriture, et mon sang un breuvage ».

C'est déjà passablement clair. A la dernière Cène le Sauveur dit à ses apôtres en leur présentant le pain consacré : « Ceci est mon corps ». Enfin l'apôtre saint Paul rapporte l'institution de l'Eucharistie et nous parle de ce sacrement en des termes où il ne manque guère que le mot de *transsubstantiation*. Mais si le mot ne s'y trouve pas, l'idée y est clairement. « J'ai appris du Seigneur ce que je vous ai transmis, à savoir que le Seigneur Jésus, dans la nuit où il allait être livré, prit du pain, le rompit avec action de grâce et dit : « Prenez et mangez, ceci est mon corps qui sera livré pour vous ; faites ceci en mémoire de moi ».

L'apôtre dit encore : « Celui qui mange et boit indignement, mange et boit sa propre condamnation, *ne faisant pas le discernement du corps du Seigneur* ». Evidemment le discernement d'avec une autre nourriture, le discernement d'avec ce qui n'est pas le corps du Seigneur.

Sur l'ordre de leur Eglise s'exprimant par l'organe des XXIX articles, les protestants concluent de ces passages que le pain consacré *n'est pas* le corps de Notre-Seigneur. Si Notre-Seigneur avait dit : Ceci *n'est pas* mon corps, il est probable qu'ils croiraient à la transsubstantiation.

Mais encore une fois, bien différents en cela des ritualistes qui n'obéissent à personne, les protestants tirent cette conclusion par obéissance. Ces bonnes gens portent l'obéissance de jugement à un très haut degré. Seulement au lieu d'obéir aux définitions de l'Eglise, ils obéissent aux XXXIX articles.

§ V. — *Le baptême dans l'Eglise anglicane.*

De toutes les erreurs des membres de la basse Eglise, la plus déplorable est encore celle où plusieurs d'entre eux sont au sujet du baptême. Un certain nombre de ses membres ne croient pas à la régénération opérée par le saint baptême ; d'autres y croient d'une certaine manière sans la regarder comme nécessaire; la plupart n'ont à ce sujet que des idées vagues. D'ailleurs il a été décidé, il y a une cinquantaine d'années, par le tribunal qui juge en dernier ressort les questions ecclésiastiques concernant l'Eglise d'Angleterre, que c'est là une question libre, et qu'on peut être ministre de l'Eglise anglicane sans croire à la nécessité du baptême. Il en est résulté que les ministres anglicans qui appartiennent à la Basse Eglise et à l'Eglise Large dont nous parlerons un peu plus loin apportent souvent dans l'administration du baptême une négligence de nature à inspirer les plus sérieuses inquiétudes sur sa validité.

Voici ce que M. Chapman, ministre anglican converti, raconte à ce sujet dans l'*Ame anglicane* en parlant des débuts de son ministère dans une des paroisses de Southampton :

« Un des premiers actes de mon ministère comme diacre fut de baptiser treize enfants un dimanche, dans l'après-midi. Dans l'Eglise d'Angleterre au sujet du baptême et de la sainte communion, les ministres n'ont pour les diriger que les quelques mots formant la rubrique. Aucune instruction ne leur est donnée sur la manière dont ils doivent administrer le baptême et la communion soit dans l'Eglise, soit en dehors de l'Eglise. Il en est résulté que, dans le passé, à la connaissance de tous, la plus grande négligence a régné dans l'administration du saint baptême. Pour moi, être appelé à administrer le baptême et à tenir ainsi la place de Dieu était chose fort sérieuse. Cette première fois, et toutes les fois que j'ai administré ce sacrement, j'ai apporté la plus scrupuleuse attention à tout ce que je faisais. Ce dimanche donc, je pris chacun de ces enfants dans mes bras, et je versai de l'eau sur chacun d'eux, par trois fois, au nom du Père, du Fils et du Saint-Esprit. Quand je fus de retour à la sacristie, le vieil employé Bromley me fit des remontrances sur la longueur du temps qu'avait pris la cérémonie. Je lui demandai ce qu'il voulait dire. « Le vicaire qui vous a précédé, me répondit-il, ne prenait pas les enfants dans ses bras. Il se contentait de les asperger une fois d'eau bénite, en se tenant aux fonts baptismaux, pendant qu'ils étaient aux bras de leurs parrains. » Cela me donna l'éveil sur la manière de baptiser usitée dans l'Eglise d'Angleterre. Il est extrêmement douteux que ces enfants fussent baptisés... Par le passé, tous les baptêmes protestants ont été, dans ce pays, conférés avec la dernière négligence (1). »

Cette négligence existe encore, à des degrés divers, chez un grand nombre de membres de la Basse Eglise et de l'Eglise Large. Mais il n'y a pas à en accuser les membres de la Haute Eglise. Leur manière d'administrer le baptême ne peut, au moins généralement, donner lieu à aucune inquiétude sur sa validité. C'est que, sur le baptême, les

(1) L'*Ame anglicane* par M. Horace E. Chapman, ouvrage traduit de l'anglais avec une Introduction par le P. Ragey. Chap. IX, p. 118 et suiv.

On trouvera dans le livre de M. Chapman sur l'anglicanisme et surtout sur ce qui en est l'âme des renseignements détaillés et d'un très vif intérêt que nous ne pouvons reproduire ici. C'est le très grand intérêt que présente cet écrit qui nous a décidé à en donner la traduction à notre public français.

ritualistes professent, à peu de chose près, la même doctrine que nous.

On trouve un exposé très remarquable de la doctrine généralement admise dans la Haute Eglise sur le baptême dans un ouvrage publié en 1899, par le révérend Darwell Stone sous ce titre : *Holy Baptism, Le saint baptême* (1). Si l'on retranchait de cet ouvrage composé par un anglican certaines idées, certaines pages, on aurait un livre très remarquable sur le saint baptême, à la fois utile et intéressant au triple point de vue de la doctrine, de l'histoire et de la piété. C'est un des ouvrages qui montrent le mieux combien la Haute Eglise est rapprochée du catholicisme. Il contient certaines erreurs, mais des erreurs qu'un théologien découvre facilement, et, lu avec précaution, il est de nature à être très utile au clergé catholique.

§ VI. — *L'Eglise Large.*

On connaît suffisamment maintenant la Basse Eglise et la Haute Eglise, les *protestants* et les *ritualistes*. Il nous reste à faire connaître le parti de l'Eglise Large, qu'on appelle aussi le parti des *Libéraux* parce qu'il professe un libéralisme religieux, assez large pour comprendre dans son sein toutes les opinions, tous les partis, tous les systèmes et même toutes les sectes. « Tout ce que nous pouvons dire, écrivait *The Spectator*, un de ses organes, dans son numéro du 8 juillet 1899, tout ce que nous pouvons dire, d'une manière générale, c'est que nous voulons le maximum et non le minimum de la compréhension et de la liberté et que du côté

(1) *Holy Baptism by Darwell Stone Principal of Dorchester Missionary College*, un vol. in-12 de 303 pages.

des ritualistes, et du côté des membres extrêmes de l'Eglise Large nous voudrions que personne ne fut exclu de l'Eglise parmi ceux qui désirent sérieusement et respectueusement en faire partie. »

Cela va loin, on le voit. C'est à peu près le seul principe de l'Eglise Large. Il faudrait cependant y ajouter celui qui consiste à n'attacher aucune importance à la doctrine et à soutenir qu'il suffit de bien vivre. Les libéraux vivent en bonne intelligence avec tous les partis. Le *Prayer-Book* et les XXXIX articles ne les embarrassent nullement. Pour eux, il n'y a ni hérésies, ni fausses interprétations. Toutes les opinions sont libres et toutes les interprétations permises, même celle qui regarde les XXXIX articles comme n'obligeant en aucune manière et l'engagement d'y conformer son enseignement comme une pure cérémonie.

Dans le livre dont nous avons déjà parlé : *La Comédie de la Convocation*, M. Marshall a fait un portrait bien ressemblant du clergyman de l'Eglise Large. « Il donne aux membres vivants de son troupeau la satisfaction de leur assurer « qu'ils ont trouvé le Seigneur», ou que, dans tous les cas, ils le trouveront quand ils voudront. Pour ce qui est des morts, à peine ont-ils rendu le dernier soupir, qu'il les canonise avec une facilité qui scandaliserait la Curie Romaine... Il est opposé à toute allusion à la doctrine. Selon lui de telles allusions, au lieu d'édifier, ne font que donner naissance à des controverses inutiles, et nuire à cette placidité d'esprit qu'il considère comme le résultat le plus heureux de l'économie chrétienne. A quoi bon discuter sur la question de savoir si le baptême est nécessaire à la régénération, ou sur le mythe poétique de la succession apostolique ? L'important est de conserver « un esprit calme » et d'être charitable et tolérant à l'égard des vues d'autrui (1) ».

____

(1) *The Comedy of Convocation*, p. 122.

D'une manière générale, les libéraux de l'Eglise anglicane ne sont pas pour les dogmes terribles, les dogmes qui peuvent faire de la peine aux gens, et troubler leur paix, comme le dogme de l'éternité des peines par exemple. A quoi bon ? Ils fraternisent volontiers avec les rationalistes, les sceptiques et les agnostiques et ne voient de mauvais œil que les intransigeants, ceux qui prétendent qu'il n'y a de vérité que dans leur parti, qu'ils ont toute la vérité. La vérité ! Ils diraient volontiers comme Pilate : Qu'est-ce que la vérité ?

Et avec cela ils ont une foi très vive, tellement que, dans ces derniers temps, ils en sont venus à ne pouvoir plus supporter les formulaires dogmatiques, même ce beau symbole de saint Athanase consacré par l'admiration des siècles, surtout le symbole de saint Athanase. Ces formulaires les gênent. Ce symbole est une prison où ils étouffent. Il était peut-être bon pour les âges précédents, mais à la fin du xixᵉ siècle on éprouve le besoin d'une plus grande liberté. Ce bon vieux symbole nous présente le dogme emmailloté dans des langes qui ne sont plus de mode aujourd'hui. Dans notre siècle on n'a même plus besoin de langes du tout.

Pour qu'on ne puisse nous soupçonner d'exagération et d'appréciations fantaisistes, nous citerons quelques passages d'un réquisitoire contre le symbole de saint Athanase publié dans le numéro de novembre 1898, du *Westminster Gazette*, par le chanoine Eyton, un des prédicateurs les plus populaires de l'Église anglicane, « que l'on peut considérer, disait le révérend Père Tyrrell dans le numéro de janvier 1899 du *Month*, comme exprimant les dispositions des nombreux auditoires anglicans attirés de toute part par son incontestable éloquence et sa réelle valeur intellectuelle ».

Voici donc quelques extraits de cet étrange plaidoyer :

« Les controversistes supposent généralement
que ceux qui désirent voir l'usage du symbole de
saint Athanase devenir tout au plus facultatif, et
qui demandent à ce qu'on n'en impose point la
récitation à des fidèles auxquels elle répugne, ne
croient pas à la doctrine de la Trinité et de l'Incarnation définie et exposée dans ce symbole. C'est
le contraire qui est la vérité. Ceux qui croient les
grandes vérités et qui en comprennent le profond
mystère sont troublés par les vains efforts tentés
pour décrire les relations divines en des termes
d'une philosophie surannée. Ces termes les cho-
quent non parce qu'ils ne croient point, mais parce
qu'ils sont animés d'une foi pleine et entière. La
foi qu'ils possèdent au dedans d'eux-mêmes leur
rend insupportables des expressions qui doivent
nécessairement manquer de justice envers les vérités sublimes qu'elles visent à exposer.

« On a professé un culte exagéré pour des phrases
sonores, comme si elles devaient nous enlever sur
les ailes de l'inspiration.

« Ces phrases donnent une pleine satisfaction à
ceux qui ne prennent pas la peine de réfléchir à ce
qu'elles signifient. Mais pour l'âme dévote qui mé-
dite le mystère écrasant de la Trinité, ces efforts
pour l'expliquer et le fixer d'une manière exacte
paraissent profondément irrévérencieux, l'œuvre
d'un âge anthropomorphite qui s'imaginait que la
nature et l'image de Dieu pouvaient se décrire
comme on décrit un tableau ou un paysage...

« Quant à ce qu'on appelle les sentences de
damnation, nous savons parfaitement qu'elles sont
susceptibles d'une juste interprétation. L'homme
qui rejette par malice (si tant est qu'un pareil
homme existe) la révélation de Dieu, fait de son
mieux pour détruire les plus hautes possibilités de
la vie en lui-même. Mais l'assertion de cette perte
est exprimée à deux reprises d'une manière presque.

sauvage, de nature à dérouter les esprits ordinaires, et qui rappellent l'esprit d'une époque qu'il vaudrait mieux oublier, l'époque où l'on employait les tortures comme moyen de propager une religion fondée sur l'amour. « Sans aucun doute il périra éternellement. Il ne peut être sauvé. » Aucun de ceux qui saisissent bien quel est l'esprit du Christ ne pourrait supporter et employer un tel langage... La récitation d'un pareil *Credo* est dans la plupart des églises une pierre d'achoppement pour les fidèles, quand ils sont capables de penser, et un document inintelligible pour les autres. »

Ce n'est pas là, il importe de le remarquer, l'expression d'une opinion personnelle; mais l'expression très exacte de la foi de l'Eglise Large.

Ce parti eut, assez récemment, au congrès de l'Eglise anglicane tenu à Bradford au mois d'octobre 1898, une occasion d'affirmer ses principes avec plus d'éclat encore. Il se garda bien de la laisser échapper.

Une des séances de ce congrès fut consacrée à examiner les moyens de remédier à l'agitation d'esprit qui est un des caractères de notre époque. Il y a, dit le révérend Campbell dans un rapport dont nous reproduisons fidèlement la substance et la pensée, il y a un moyen bien simple de faire cesser l'inquiétude des âmes : c'est de se mettre d'accord sur la question religieuse. Rien de plus facile. Il suffit de n'attacher aucune importance aux divergences d'opinions qu'on remarque dans les diverses Eglises et chez ceux qui n'appartiennent à aucune Eglise. Qu'on appartienne ou non à une Eglise, ce n'est pas une affaire. Il n'y a qu'à ne pas tenir compte — car ce sont là des détails — des différentes manières de voir et de faire qui partagent les hommes en deux grandes catégories, les uns ayant des pratiques extérieures de religion, et les autres n'en n'ayant pas. Evidemment c'est là une différence de mince importance. Pour mieux faire saisir sa pensée, et aussi pour corroborer sa thèse, le révérend cite l'exemple de Milton qui, pendant tout le temps qu'il travailla à son *Paradis perdu*, « pendant qu'il préparait de quoi sustenter des milliers d'âmes chrétiennes », ne mit jamais le pied dans aucune église ou chapelle. Pourquoi s'obstiner à s'en tenir à « un prosaïque littéralisme » ? Si l'on y mettait plus de largeur de vues, et si l'on négligeait une bonne fois toutes ces nuances, tout le monde serait d'accord, et l'inquiétude qui trouble les âmes ne tarderait pas à disparaître. Sans doute il est indispensable qu'il y ait dans la religion « certaines formes ». Mais ce n'en est pas moins un devoir pour ceux qui ont besoin de s'appuyer sur ces observances extérieures de reconnaître combien est sincère la religion de ceux qui ne peuvent attacher leur foi à des formules et à des signes extérieurs.

La séance était présidée par Mgr Boyd Carpenter, évêque de Ripon. Mgr Boyd Carpenter est un des représentants les plus connus de l'Eglise Large, « Je ne crois pas, dit-il en résumant les idées émises par les rapporteurs, je ne crois pas qu'il y ait encore beaucoup de gens à s'inquiéter du conflit entre la science et la religion. Il me semble que nous commençons à distinguer très nettement deux termes qui sont souvent confondus : la religion et la théologie. Nous comprenons très bien que les conceptions théologiques doivent être plus ou moins sujettes à révision parce qu'elles sont l'incorporation des notions humaines des époques particulières de l'histoire du monde. Ne nous effrayons donc pas de voir que certains aspects de la vérité qui, après tout, ne pouvaient être que partiels, parce qu'ils étaient humains, n'expriment pas et ne pouvaient exprimer toute la vérité. Nous ressemblons à des hommes qui font une excursion

sur un grand continent ; nos impressions changent
d'heure en heure ».

L'évêque de Ripon voulut bien reconnaître que
dans ces impressions changeantes il y a quelque
chose qui « entre dans la pensée fondamentale de
l'esprit de l'homme concernant la religion, et qui
ne peut pas disparaître tout à fait ».

C'est là son *Credo*. C'est le *Credo* auquel la
logique conduit quand une fois on abandonne
l'Eglise. C'est le *Credo* auquel le malheureux
Lamennais était en voie d'arriver quand il écrivait
à son ami M. Marion : « Jésus-Christ, selon moi,
selon ma conviction profonde, non seulement n'a
lié la foi qu'il annonçait à aucune conception
dogmatique, mais a voulu très expressément qu'elle
n'y fût pas liée ; et c'est, à mon gré, ce que l'Evangile a de plus divinement beau, parce que les conceptions dogmatiques, dépendantes de mille
choses qui changent, changent elles-mêmes avec
le temps, et que la loi est immuable et doit rester
telle à jamais... ce n'est pas ce qu'ils pensent qui
sauve ou perd les hommes, c'est ce qu'ils font (1). »

On sait comment était venue au célèbre apostat
cette « conviction profonde ». Mais au moins
Lamennais était logique jusqu'au bout. Compre-
nant qu'avec de pareils principes il ne pouvait
appartenir à aucune Eglise, il évitait de se donner
comme appartenant à une Eglise quelconque, pas
plus à l'Eglise grecque ou à l'Eglise anglicane qu'à
l'Eglise catholique. La condamnation la plus éclatante de l'Eglise anglicane c'est qu'elle reconnaisse
et accepte comme ses représentants officiels et au-
torisés, comme ses ministres et ses évêques des
hommes qui professent publiquement de tels principes et qui les inculquent aux autres.

Si tel est le rationalisme du clergé, quel ne sera

(1) Lettres inédites de Lamennais, publiées par ARTHUR
DU BOIS DE LA VILLERABEL. Paris 1886, p. 70.

pas celui des laïques? Le fait est que ce rationalisme des laïques est porté à un degré à peine croyable. Nous ne parlons pas, bien entendu, de ces laïques qui sont anglicans uniquement dans ce sens qu'ils sont nés dans l'Eglise anglicane, mais bien de ceux à qui l'Eglise anglicane n'a aucun reproche à adresser et qu'elle reconnaît comme ses fidèles enfants.

Le grand poète Tennyson était dans ce cas. Son anglicanisme est bien l'exemple le plus frappant de rationalisme anglican que l'on puisse citer.

Fils d'un ministre anglican et élevé à la campagne, Tennyson respira jusqu'à l'âge de dix-neuf ans une atmosphère tout imprégnée de pensées, d'impressions, de pratiques religieuses. L'âme du grand poète demeura toute sa vie pleine de ces pensées, de ces impressions, et il n'abandonna jamais ces pratiques. Il faisait baptiser ses enfants, il récitait la prière chrétienne, il assistait au service anglican, et jusque dans la dernière année de sa vie, en 1892, quelques mois avant sa mort, il prit part à la communion que le révérend Merriman, curé de sa paroisse, administra à toute sa famille.

Le grand poète croyait à l'existence de Dieu et à l'immortalité de l'âme. Il ne savait trop que penser du reste. Son avis était qu'il n'y a pas à s'en inquiéter. Un jour qu'il entendait une foule appartenant à l'*Armée du Salut* chanter dans les rues, il fit remarquer, en citant un de ses vers, que celui qui a raison par sa vie ne peut avoir tort par sa croyance.

He can't be wrong whose life is in the right.

C'était là chez lui une erreur raisonnée. « Il est impossible, disait-il, de s'imaginer que le Tout-Puissant, quand vous paraîtrez devant lui, dans l'autre vie, vous demandera quelle a été la forme particulière de votre *Credo*. La question qu'il vous adressera sera bien plutôt celle-ci : « Avez-vous été sincère avec vous-mêmes, et avez-vous donné en mon nom un verre d'eau froide à l'un de ces petits ? »

Il est impossible de s'imaginer cela, en effet, si l'on suppose que l'Evangile est un livre qu'on est libre d'interpréter à sa guise, et non un livre divin et sacré dont Notre-Seigneur a confié l'interprétation à une Eglise unique instituée par lui et dotée par lui du privilège de l'infaillibilité, quand il s'agit de la foi et des mœurs.

Il est impossible de s'imaginer cela, si l'on suppose que Notre-Seigneur ne nous fait pas enseigner par son Eglise que son Evangile contient des vérités claires, nettes et précises, qu'il nous oblige à croire sous peine de damnation.

Il est impossible de s'imaginer cela, si l'on regarde comme non avenues, comme des paroles dépourvues de sens, les paroles si claires que Notre-Seigneur adressa à ses apôtres et à leurs successeurs : « Allez dans le monde entier, prêchez l'Evangile à toute créature. Celui qui croira sera sauvé. Celui qui ne croira pas sera condamné ».

Enfin, il est impossible de s'imaginer cela, si l'on admet que sur la question de savoir quelle est l'Eglise instituée par le Sauveur, il ne puisse y avoir aucune erreur de mauvaise foi, et que nulle ignorance sur ce point ne puisse être coupable.

A plus forte raison il est impossible de s'imaginer cela, si l'on suppose que Dieu est indifférent à toutes les formes de religion et qu'il regarde du même œil le *oui* et le *non* sur le même sujet.

On voit qu'en formulant cette impossibilité le poète préjugeait passablement de questions.

Il n'était pas seul à les préjuger et à raisonner de la sorte. Il comptait, parmi ses amis et parmi ceux qui partageaient ses idées en fait de religion, plusieurs des membres les plus distingués, les plus intelligents et les plus instruits du clergé, le révérend Jowett, maître de Balieul, et le révérend Martineau, l'un et l'autre très connus par leurs écrits sur des questions religieuses, Mgr Boyd Carpenter, évêque de Ripon, etc., etc.

Mgr Boyd Carpenter trouvait qu'il était heureux que, dans ses poésies, Tennyson eût montré « de la sympathie pour ceux qui sentent que la foi est plus large et plus noble que les formes ». Il le félicitait « d'avoir pressé les hommes de *s'attacher à la foi au delà des formes de la foi* ».

Les principes religieux de Tennyson peuvent se ramener à deux. Il les a résumés lui-même en deux vers : « Attachez-vous toujours au côté le plus ensoleillé du doute, et cherchez la foi au delà des formes de la foi ».

Nous savons comment le poète entend le principe qui consiste à « chercher la foi au delà des formes de la foi ». Voici comment il expose ce qu'on pourrait appeler la théorie du « doute honnête ».

« Vous me dites que le doute est né du démon. Je ne sais. J'ai connu quelqu'un versé dans plus d'une question subtile, dont la lyre rendit d'abord un son discordant. Il s'efforçait sans cesse d'arriver à la note juste.

« Il était perplexe dans sa foi, mais pur dans sa conduite. Sa lyre finit par devenir harmonieuse. Il y a plus de foi, croyez-m'en, dans un doute honnête que dans la moitié des *Credos*.

« Il combattit ses doutes et acquit de la force. Il ne se résigna point à rendre son jugement aveugle. Il envisagea en face les fantômes de son esprit et il les dissipa : il en vint enfin.

« A trouver que sa foi s'était fortifiée. Une puissance habitait avec lui dans la nuit; celle qui fait les ténèbres et la lumière, et qui ne demeure pas seulement dans la lumière,

« Mais dans les ténèbres et dans la nue, comme jadis sur le sommet du Sinaï, pendant qu'Israël fabriquait ses dieux d'or malgré les sons retentissants de la tempête (1). »

Etre « perplexe dans sa foi, mais pur dans ses œuvres », ne pouvoir « se résigner à rendre son jugement aveugle », voilà bien l'Eglise Large.

Sans doute, il serait difficile d'imaginer une théorie plus subversive de la foi. La foi, en effet, est aux antipodes du doute. Et puis comment marquer la délimitation entre le doute « honnête » et celui qui ne l'est pas ? Ouvrir les portes de son âme au doute « honnête », c'est prier « honnêtement » la foi d'en sortir.

Ce n'est pas ainsi que l'entendent les théologiens de l'Eglise Large. « La foi, dit l'un d'entre eux, et encore des plus distingués, le révérend Jowett, la foi ne peut vivre sans enquête, et le doute que l'on entretient peut être un acheminement vers une foi plus élevée (2) ».

« Tandis que Tennyson, dit à son tour un autre théologien anglican très connu, le révérend Martineau, tandis que Tennyson n'a jamais abandonné pour lui-même la forme traditionnelle d'une foi dévote, il en a saisi l'esprit en ce qu'il a de durable, il l'a revêtue d'une gloire plus pure, et il l'a ainsi sauvée pour d'autres en la rendant plus belle qu'ils ne l'avaient rêvée (3). »

Le principe des erreurs de Tennyson et de l'Eglise Large est celui-là même qui donne naissance aux erreurs de la Basse Eglise et de la Haute Eglise. C'est la conviction si fortement imprimée dans l'âme des anglicans de toute nuance qu'un homme ne peut pas, ne doit pas renoncer à son

---

(1) *In Memoriam*, XCVI.
(2) ALFRED LORD TENNYSOM. — *A Memoir by his son*, t. I, p. 310.
(3) *Memoirs*, t. II, p. 172.

propre jugement. « Il ne voulait pas rendre son jugement aveugle ».

He would not make his judgment blind.

Malheureusement le jugement propre, si on le suit jusqu'au bout, peut conduire, en fait d'idées religieuses, aux écarts les plus étranges. C'est ce qui arriva pour Tennyson.

C'est un spectacle triste mais salutaire de s'arrêter à considérer un homme de génie comme Tennyson, poussé par la logique, tomber, pour échapper à un aveuglement supposé, dans un aveuglement réel qui, véritablement, inspire de la pitié.

Si, de ce qu'il peut se rencontrer des croyants de bonne foi dans toutes les sectes chrétiennes, il est permis de conclure que Dieu regarde toutes les sectes du même œil, et qu'on peut, en sûreté de conscience, sans faire tous ses efforts pour s'éclairer sur la question de savoir s'il n'y a qu'une seule véritable Église et quelle elle est, s'attacher à n'importe laquelle de ces sectes, il faut aller plus loin.

Comme il peut se rencontrer des adeptes sincères dans les religions les plus opposées au christianisme, il faut soutenir que les religions les plus contradictoires sont également agréables à Dieu, et qu'il n'existe pour personne une obligation de chercher la vraie, attendu qu'elles sont toutes vraies.

Tennyson ne recula point devant ces conséquences. Il en vint, à la fin de sa vie, à épouser, en fait de religion, les idées d'Akbar. Il les exposa nettement dans un petit poème achevé et publié en 1892 qu'il intitule : *'Akbar's dream, Le rêve d'Akbar.*

On sait que le grand empereur mogol Akbar,

né en 1542, et qui fut le plus grand souverain tartare de l'Hindoustan, essaya de fusionner en une seule religion le mahométisme, le culte de Brahma et le christianisme. Il rêvait même de réunir en une seule toutes les religions du monde. Ce fut surtout à la persuasion de son ministre Abul-Fazl qu'il conçut ce projet. On peut juger des idées d'Abul-Fazl par cette inscription qu'il avait composée pour un temple de Kashmir :

« O Dieu, dans chaque temple, je vois le peuple qui vous voit, et dans toute langue j'entends parler le peuple qui vous loue.

« Le polythéisme et l'islamisme soupirent après vous.

« Chaque religion dit : « Vous êtes seul, sans égal ».

« Si c'est une mosquée, le peuple murmure la prière sainte ; et si c'est une église chrétienne, le peuple sonne la cloche par amour pour vous.

« Quelquefois, je fréquente le cloître chrétien et quelquefois la mosquée.

« Mais de temple en temple, c'est vous que je cherche.

« Vos élus n'ont que faire de l'hérésie ou de l'orthodoxie ; car ni l'une ni l'autre ne passe à travers le crible de votre vérité.

« L'hérésie à l'hérétique et la religion à l'orthodoxe.

« Mais la poussière qui couvre le pétale de la rose appartient au marchand de parfums. »

Tennyson a placé cette inscription en tête de son *Rêve d'Akbar*. *Le Rêve d'Akbar* n'est, à proprement parler, que le commentaire poétique de cette inscription. Sous le voile de cette fiction, le poète, — c'est lui-même qui nous lé déclare ailleurs, — a exposé ses propres idées.

« Dieu se connaît lui-même : les hommes ne connaissent ni lui ni eux ; car chaque fraction séparée d'une secte s'en va criant : « Je suis la voie parfaite ; toute autre voie conduit à la perdition ». La rose dit-elle au lotus : « Tu n'es pas une fleur ? » Le palmier crie-t-il au cyprès : « Il n'y a que moi de beau ? » Le mangoustan méprise-t-il le melon qui est à ses pieds ? Lui dit-il : « Mon fruit est le seul qu'Allah ait fait pour l'homme ? » Considérez comment le pouls vivant d'Allah bat dans tout son univers. Si chaque astre jetait ce cri : « Il n'y a que moi dans le firmament », comment ce firmament serait-il une sphère pleine d'une harmonie telle que les Grecs pouvaient à peine en rêver une semblable ? En tout, il y a de la lumière, et dans toutes les formes du culte adoptées par les hommes, il y a de la lumière mêlée de plus ou moins d'ombre. »

Telle est la dernière expression, le dernier mot de la foi de Tennyson. Quand le grand poète consacrait les suprêmes efforts de son génie à peindre cette théorie sous les couleurs les plus séduisantes, il demeurait sincèrement attaché au christianisme, et décidé à vivre et à mourir en bon anglican. De fait, c'est ainsi qu'il vécut et qu'il mourut, fort tranquille et sans que la moindre observation lui fût adressée, la religion d'Akbar s'accordant très bien avec la religion chrétienne, telle que lui et ses amis anglicans la comprenaient (1).

Pour n'avoir pas compris que soumettre son jugement à celui d'une Église infaillible ce n'est pas le « rendre aveugle », ce beau génie qui est un des plus grands poètes de l'Angleterre, et probablement le plus grand de tous après Sheakespeare

---

(1) Le révérend Martineau, un des membres du clergé anglican les plus connus par sa science et ses nombreux ouvrages, écrivait au fils du poète, en 1893 : « Je connais chaque vers d'*Akbar*, et j'en suis glorieusement satisfait ». Il ne faisait qu'une réserve. Il n'admettait pas que les chefs des peuples eussent le droit de fabriquer des religions à leur usage.

et Milton (1), en vint à ce point d'aveuglement, de ne pas voir plus de différence entre le christianisme et le mahométisme qu'entre la rose et le lotus.

Cet aveuglement est contenu, comme un effet dans sa cause, dans le principe fondamental de l'Eglise anglicane : n'admettre, en dernière analyse, d'autre critérium de la vérité que son jugement propre.

Quand on assiste à ces terribles revanches de la vérité méconnue, on apprécie mieux le grand bonheur d'être un enfant soumis de la sainte Eglise catholique, apostolique romaine.

§ VII. — *Mélange des trois partis. Tolérance de l'Eglise anglicane.*

Il ne faudrait pas se représenter ces trois partis de l'Eglise anglicane comme localisés. Les membres de ces trois partis sont disséminés partout. Il n'est pas de paroisse où il ne se rencontre des partisans de la Basse Eglise, des partisans de la Haute Eglise et des partisans de l'Eglise Large. Dans la même famille, de temps en temps, les uns appartiennent à la Basse Eglise, les autres à la Haute Eglise et les autres à l'Eglise Large. Il n'est même pas rare que le vicaire ne soit pas du même parti que son curé. Chacun est parfaitement libre.

Les trois partis que nous venons de décrire ne sont pas tellement tranchés qu'il soit toujours facile de dire à quel parti tel fidèle anglican, tel

(1) Ceux qui désireraient faire une plus ample connaissance avec le grand poète anglais trouveront le récit de sa vie et l'analyse de ses œuvres dans le volume in-12 de 409 pages que nous avons publié chez Briguet sous ce titre : *Tennyson.*

ministre, tel évêque se rattache. Assez souvent, ils ne le savent pas eux-mêmes au juste. Il est tel évêque anglican dont personne ne pourrait affirmer d'une manière certaine s'il est de la Basse Eglise, de la Haute Eglise ou de l'Eglise Large. On range généralement ces indécis parmi les membres de l'Eglise Large. D'une manière générale, on classe les anglicans qui ne se sont pas nettement prononcés pour un des trois partis selon les opinions, les idées, les tendances qu'on voit prédominer en eux. Du reste, l'Eglise anglicane considère les membres des trois partis comme ses enfants. L'archevêque de Cantorbéry est leur père commun. Il ne cesse de les exhorter à la concorde et au support mutuel. Dans un discours prononcé à la conférence de Cantorbéry au milieu de juillet 1899, il disait : « Nous pouvons vivre ensemble, travailler ensemble, et plus tôt nous apprendrons à nous supporter les uns les autres, mieux cela vaudra. »

Il ne demande à aucun parti le sacrifice de ses opinions, et il cherche à les ménager toutes. Que faut-il penser, que devons-nous croire au sujet de la présence réelle du Christ dans l'Eucharistie? demandait-on de toute part au primat vers la fin de 1898. — Pensez-en et croyez-en ce que vous voudrez, répondit en substance et quant au fond l'habile primat dans une lettre pastorale du mois d'octobre 1898. « L'Eglise d'Angleterre n'a donné aucune réponse à cette question. *The Church of England has given no answer to this question* ».

Cela se comprend. C'est une question de si mince importance ! Pauvre Eglise anglicane !

Il y a cependant quelques indications. « Hooker, dit le primat, Hooker qui est incontestablement une très haute autorité dans l'Eglise d'Angleterre, soutient que la présence réelle ne doit pas être cherchée dans les éléments consacrés, mais dans celui qui les reçoit. »

Un peu plus loin le primat établit que « l'Eglise d'Angleterre enseigne certainement la doctrine de Hooker ».

Alors l'Eglise d'Angleterre enseigne, telle étant la doctrine formelle de Hooker, que la présence réelle du Christ ne se trouve pas dans les éléments consacrés, mais qu'elle est attachée uniquement à la foi du communiant ?

Pas du tout. Vous n'y êtes pas. Attendez ; il y a un mais. « Mais à cela, dit le primat, on doit ajouter que l'Eglise n'interdit nulle part la doctrine qu'une présence réelle est attachée en quelque manière aux éléments, au temps de la consécration. »

En quelque manière, *in some way* : laquelle ? La transsubstantiation est une manière ; l'impanation en est une autre. Elles sont fort différentes l'une de l'autre. Devons-nous nous en tenir à une des deux ? En ce cas laquelle des deux ? Il paraît que l'Eglise anglicane se refuse absolument à entrer dans ces détails. Le primat prononce même que ce ne peut être le rôle d'aucune Eglise d'y entrer, et il tance vertement l'Eglise catholique pour avoir voulu déterminer le mode de la présence réelle.

Quelques jours après le primat publiait une nouvelle lettre pastorale (1) qui, cette fois, portait sur la confession. A ce sujet aussi des questions lui avaient été adressées. Les *ritualistes* prêchent la pratique de la confession, les *protestants* en dissuadent et la décrient comme un abus déplorable. Lequel des deux partis a raison ? de-

(1) Nous appelons ici, pour être mieux compris, *lettres pastorales* les discours prononcés par l'archevêque de Cantorbéry à l'occasion de la visite de son diocèse au mois d'octobre 1898, et qu'il fit aussitôt publier dans toute l'Angleterre. Ces discours s'adressaient à toute l'Eglise anglicane.

mandait-on avec insistance au primat. Tous les deux, répondit le docteur Temple. « Au sujet de la confession, comme sur beaucoup d'autres points, l'Eglise d'Angleterre est pour la liberté. »

Pauvre Eglise d'Angleterre !

Le docteur Temple, archevêque de Cantorbéry, primat de l'Eglise d'Angleterre, ressemble à un charpentier qui radoube un vaisseau où l'eau pénètre de toute part.

§ VIII. — *Quelle est la vitalité et quelle sera la durée de l'Eglise anglicane ?*

Ce vaisseau peut-il être radoubé et naviguer encore longtemps ? En général, les anglicans soutiennent que leur Eglise, malgré ses divisions, peut se promettre encore une longue durée. Les catholiques, au contraire, inclinent à penser qu'elle touche à sa fin.

Un grand nombre d'anglicans sont convaincus que leur Eglise est perdue, si on ne vient promptement à son aide par des réformes fondamentales. Cette opinion a été nettement exposée et fortement motivée dans un remarquable article du numéro de janvier 1896 de la grande revue anglicane : *The Nineteenth Century,* d'un auteur très connu et très autorisé, un chanoine anglican, le savant docteur Jessopp. Répondant à ceux qui pensent que ces réformes, dont ils reconnaissent eux-mêmes l'utilité, seraient fatales à leur Eglise parce qu'elle n'aurait plus la force de les supporter, il leur dit :

« Une société qui ne peut supporter une réorganisation, quand les vieilles choses s'en vont, et que de nouvelles sont dans l'air, est une société qui ne peut être défendue. Elle est actuellement *in articulo mortis*. Sa dissolution peut être retardée pour un peu de temps, mais vous ne pouvez la conserver en vie indéfiniment en l'enveloppant de flanelle et en la préservant de tous les courants d'air. »

Il ne manque pas d'anglicans pour déclarer, en se lamentant, que c'est bien là l'état de leur pauvre Eglise, que des réformes la tueraient, et qu'il vaut mieux la laisser mourir de sa bonne mort.

Certains catholiques, au contraire, prétendent que l'Eglise anglicane est très forte, et qu'elle a des chances fort sérieuses de longue durée. C'est la thèse soutenue par le Père Clarke dans un article du numéro de mars 1899 du *Month*, la revue des Pères Jésuites anglais qui correspond à ce que sont, en France, les *Études*. Cet article est intitulé : *La vitalité de l'Anglicanisme.* « Je ne crois pas, dit le Père Clarke, que les catholiques, en général, apprécient suffisamment la position de l'anglicanisme. Ils savent que l'anglicanisme est, suivant les expressions, devenues proverbiales, du cardinal Newman, « la cité de la confusion et la maison de la discorde » et ils pensent que cette confusion et cette discorde ne peuvent manquer de le mener promptement à sa ruine. Ils oublient qu'une certaine somme de confusion et de discorde n'est pas plus fatale à un corps religieux qu'à un corps politique, si ce corps possède en même temps un principe puissant de cohérence. Si ses membres sont unis entre eux par une certaine constitution non écrite, s'ils s'accordent à admettre un certain ensemble d'opinions, non pas universellement, mais généralement professées parmi eux, ce corps est capable de supporter une somme considérable de divergences et de désaccord, sans que son existence en soit nullement compromise... Le grand principe négatif de cohérence qui est le centre réel de l'anglicanisme est le rejet du système dogmatique de Rome. Un anglican est obligé de nier ce qui constitue le centre de l'enseignement catholique : le dogme de l'infaillibilité pontificale. Pour le reste, il peut admettre tout ce qu'il voudra, et quand même ce qu'il admettra sera en contradiction ouverte avec les XXXIX articles, la théorie anglicane sur « l'élasticité du dogme » lui permet de s'arranger avec sa conscience... »

« Le premier élément de la force de l'anglicanisme est qu'il laisse ses membres libres de croire autant qu'il leur plaît, et aussi peu qu'il leur plaît, et de choisir leur opinion sans la moindre intervention de sa part, et qu'en même temps il conserve une apparence extérieure d'autorité très spécieusement adaptée pour tenir lieu d'une autorité réelle. C'est le secret qui le rend à la fois respectable et compréhensif ; respectable parce qu'il échappe à la vulgarité de l'athéisme et à la profession ouverte du rationalisme ; compréhensif en ce qu'il ouvre ses portes à quiconque est disposé à reconnaître l'Eglise anglicane pour sa bonne et indulgente mère. Non seulement son joug est doux et son fardeau léger, mais il n'impose que l'ombre d'un joug et l'apparence d'un fardeau, et il laisse à ses enfants une entière liberté de pensée, tant qu'ils seront disposés à refuser d'obéir aux prétentions de Rome... »

« Le second appoint de la force dont jouit l'anglicanisme, lui vient de ce qu'il fait appel à notre orgueil national et à notre amour de l'indépendance. Un Anglais regarde comme un point d'honneur de refuser de se soumettre à un joug quelconque venant de l'étranger... Il ne peut se faire à l'idée de se soumettre au joug d'un ecclésiastique italien... »

« L'anglicanisme est beaucoup plus fort que ne le croient généralement les catholiques, et un adversaire plus formidable qu'ils ne le supposent. Je le considère comme un des essais les mieux réussis qui aient été tentés pour bâtir une religion qui puisse satisfaire les besoins naturels de l'homme, et comme possédant des éléments de durée qui lui assurent une longue existence. »

Nous ne savons si l'Eglise anglicane offre vraiment ces garanties de durée à la prendre en elle-même. Mais qu'elle les offre ou non, les pronostics du Père Clarke pourraient recevoir un démenti de la crise qu'elle traverse à cette heure. De même que certaines tempêtes brisent les vaisseaux les plus solides et que certaines maladies abattent les santés les plus robustes, certaines crises dissolvent le corps moral le plus fortement constitué.

§ IX. — *La crise que traverse actuellement l'anglicanisme.*

La crise que traverse en ce moment l'Eglise d'Angleterre est la plus violente par où elle ait encore passé. Deux partis puissants, le parti de la Basse Eglise et le parti de la Haute Eglise, sont aux prises.

Les protestants, exaspérés par les progrès croissants du ritualisme, lui ont déclaré une guerre à mort. Un certain M. Kensit a ouvert une campagne dont les débuts ont été signalés par des protestations bruyantes et des scènes de violence dans les églises ritualistes. Toute une armée est venue se ranger derrière ce chef improvisé. On a lancé dans le public des écrits de toute sorte contre les ritualistes. Après les volumes, les revues et les brochures, sont venus les *tracts*, les feuilles volantes destinées à dénoncer le complot ritualiste. Bientôt d'un bout de l'Angleterre à l'autre on n'a plus parlé que du péril ritualiste, du complot ritualiste. On a créé des associations, organisé des *meetings* et des démonstrations. On a vu les représentants de cinquante associations protestantes accourir de tous les points de l'Angleterre et se réunir au nombre de dix mille dans l'immense salle *Albert Hall*, sous la présidence de lord Kinnaird, et déclarer qu'il fallait absolument en finir avec le ritualisme. L'Angleterre a été littéralement inondée des manifestes de M. Kensit. Un de ces manifestes débute ainsi :

« Anglais, mes compatriotes, »

« La campagne que j'ai entreprise a servi, grâce à Dieu, à réveiller le sentiment protestant dans notre pays tout entier. Les démonstrations et les meetings que j'ai organisés, montrent clairement que le lion protestant n'est pas mort... La tentative qui a été faite de propos délibéré pour détruire l'œuvre de la Réforme en rétablissant la messe et le confessionnal, comme aussi en changeant le ministère évangélique de manière à lui donner le caractère du sacerdoce et de la prêtrise, exige qu'on prenne des mesures très fortes pour faire connaître ces abus au pays tout entier. »

Le « lion protestant » n'est peut-être qu'un bouledogue ; mais il a de rudes molaires et de furieux aboiements. Au bruit de ces aboiements les évêques se sont émus, le Parlement, saisi de l'affaire, s'est demandé à quels moyens on devait recourir pour mettre fin aux abus qui lui étaient signalés. Ces abus étaient surtout des cérémonies empruntées au catholicisme, des cérémonies telles que, lorsqu'on entre dans une église ritualiste, on croit, bien souvent, se trouver dans une église catholique. Ces cérémonies sont contraires aux prescriptions du *Prayer-Book* que les évêques sont chargés de faire observer, et elles ont été interdites par des lois expressément dirigées contre elles. Ces lois c'est au Parlement qu'il appartient de les faire observer. Le Parlement en a été requis. Il en a été requis par le parti protestant d'une manière d'autant plus pressante que le parti ritualiste avait déclaré d'une manière éclatante qu'il ne reconnaissait point son autorité sur ce point.

Le 28 février 1899, sept cents membres de l'*English Church Union*, réunis à Londres sous la présidence de lord Halifax, adressaient à la Reine une *Déclaration* dans laquelle ils disaient :

« Nous avons nié et nous nions de nouveau que la Couronne ou le Parlement ait le droit de régler la doctrine, la discipline et le cérémonial de l'Eglise d'Angleterre. Nous serons heureux de souffrir, s'il le faut, pour soutenir nos convictions. Nous souffrirons joyeusement. »

L'*English Church Union* compte plus de 35,000 membres parmi lesquels environ 4,000 clergymen, et lord Halifax, par une lettre publiée dans le *Times*, affirmait, quelques jours après que, sauf de rares exceptions, cette *Déclaration* exprime les dispositions de ces 35,000 ritualistes. Et les ritualistes ne sont pas tous membres de l'*English Church Union*.

Affirmer publiquement qu'on ne reconnaît pas la suprématie de l'Etat dans les choses spirituelles, au sein d'une Eglise qui repose depuis trois siècles sur cette suprématie, est un acte révolutionnaire comparable à celui que commettraient des catholiques qui déclareraient qu'ils ne reconnaissent pas la suprématie du pape. On leur dirait : alors vous n'êtes plus catholiques. De tous les points de l'Angleterre, dans toutes les feuilles publiques, et dans tous les *meetings*, on cria aux ritualistes sur tous les tons : alors vous n'êtes plus anglicans.

Et on pressa le Parlement d'agir.

Le 10 mai 1899 un Bill serré, sévère, qui, s'il eût été voté, eût été l'étranglement net du ritualisme, ou la cause d'un schisme dans l'Eglise anglicane, venait en seconde lecture devant la Chambre des Communes.

M. Mc Arthur fit, en faveur de l'adoption du Bill, un discours dont il est utile de citer quelques passages parce qu'il y expose très bien la question telle qu'elle se présente aujourd'hui encore à un grand nombre d'esprits.

« Il y a deux partis dans l'Eglise ; on les voit se dessiner dans le clergé, parmi les laïques et parmi les évêques. L'un de ces partis cherche à renverser le protestantisme, et l'autre cherche à le maintenir. Ce sont là les extrêmes : que doivent faire les modérés ? Rester les bras croisés pendant que leur Eglise et l'Eglise de leurs pères est en train d'être révolutionnée, transformée et détruite ? Cela n'est pas possible. En parlant ainsi je n'ai pas l'intention de m'immiscer dans les convictions religieuses de qui que ce soit. Si quelqu'un veut être protestant, qu'il soit protestant ; s'il veut être catholique romain, qu'il soit catholique romain. La seule question dont nous avons à nous occuper ici, c'est celle de savoir sur quel pied l'Eglise d'Angleterre a été placée en devenant l'Eglise Etablie de ce pays. Je siège dans cette assemblée comme le représentant de laïques protestants, et je suis obligé de constater que les évêques n'ont pas la confiance des laïques protestants. »

M. Mc Arthur concluait que le Parlement ne devait pas s'en rapporter aux évêques pour la répression des pratiques ritualistes, mais agir par lui-même. Ce ne fut pas l'avis du Gouvernement. En face de l'attitude prise par l'*English Church Union* le Gouvernement craignait, en édictant de nouvelles lois répressives, de provoquer un schisme dans l'Eglise d'Angleterre. Il proposa à la Chambre des Communes de ne point voter le Bill, au moins pour le moment, et d'adopter la motion suivante :

« La Chambre des Communes n'est pas préparée à adopter une mesure qui créerait de nouveaux délits, et qui méconnaîtrait l'autorité des évêques pour le maintien de la discipline ecclésiastique ; et par conséquent la Chambre est d'avis que, si les efforts actuellement tentés par les archevêques et les évêques pour conserver le clergé à l'obéissance n'obtiennent un prompt succès, de nouvelles lois seront nécessaires pour assurer la soumission aux lois déjà existantes dans l'Eglise et dans le royaume. »

Le Bill fut rejeté par 310 voix contre 156, et la motion proposée par le Gouvernement fut adoptée.

C'était mettre les évêques en demeure d'arrêter eux-mêmes les illégalités ritualistes dont se plaignent les protestants, s'ils ne voulaient voir le Parlement intervenir en s'armant de lois nouvelles. Arrêter les illégalités ritualistes, les évêques y avaient bien déjà pensé. Ils avaient même constitué un tribunal dans ce but. Mais ce n'était pas chose facile : la grande majorité des évêques anglicans sont ritualistes. Cependant devant cette injonction formelle les évêques se sont mis en devoir de s'exécuter eux-mêmes. L'archevêque de Cantorbéry et l'archevêque d'York ont formé un tribunal devant lequel ont été portées les deux pratiques qui exaspèrent le plus les protestants : l'encensement et les flambeaux allumés portés en procession. Par une décision des deux archevêques publiée le 31 juillet 1899, ces deux pratiques ont été déclarées interdites par le Parlement, et par conséquent illégales. Elles ne sont pas

représentées par les archevêques comme interdites
par l'Eglise. Mais il paraît que ce n'est pas de
l'Eglise que les archevêques anglicans sont chargés d'interpréter les décrets : c'est du Parlement
anglais.

Les ritualistes ont prétendu que les archevêques
n'avaient aucune autorité pour interpréter les lois
du Parlement, et que d'ailleurs ils les interpré-
taient mal. La plupart cependant ont pris le parti de
se soumettre à leur décision, au moins d'une certaine manière. Dans bien des cas, des réserves et
des explications, des biais et des détours donnent
à cette soumission le caractère d'une résistance ti-
mide et voilée, mais très réelle. Ici le clergé déclare que, s'il conserve l'usage de l'encens, ce sera
seulement comme fumigations. Là, il supprime les
offices où il faisait usage de l'encens, déclarant
qu'il ne croit pas ces offices permis sans cette cérémonie. Ailleurs il assure qu'il ne tient nul compte
de la décision des archevêques, qu'elle est pour
lui non avenue, mais qu'il consent à renoncer à
l'usage de l'encens par déférence pour l'évêque du
diocèse. En d'autres paroisses le clergé notifie aux
fidèles qu'il ne se conformera à la décision de
l'archevêque actuel de Cantorbéry que durant sa
vie. Or, cet archevêque a soixante-dix-neuf ans.
Dans un certain nombre de paroisses le clergé ré-
siste ouvertement, et les évêques seront dans la
nécessité de recourir à des mesures violentes, telles
que la déposition par exemple.

Mais ce n'est pas tout. Le parti protestant déclare bien haut que l'obéissance des ritualistes à
la décision des archevêques fût-elle pleine et entière, il ne se tiendrait nullement pour satisfait.
Quand M. Kensit commença sa fougueuse campagne contre le ritualisme, il assura qu'il n'avait
pas le moins du monde en vue de réformer la
doctrine enseignée par la Haute Eglise, et que ses

efforts tendaient uniquement à faire disparaître des pratiques extérieures en désaccord avec le *Prayer-Book*. Maintenant les protestants disent ouvertement que c'est à la doctrine qu'ils en veulent. Voici ce que disait l'*English Churchman*, le grand organe de ce parti, dans son numéro du 17 août 1899. Qu'on pèse bien ses paroles :

« A un certain point de vue, la décision des archevêques sur les questions portées devant eux est vraiment d'une très mince importance. Deux questions : l'usage des lumières, et l'encensement. En d'autres termes, est-il permis de porter des chandelles en procession et d'encenser les personnes et les choses ? Ce sont là des pratiques condamnables et condamnées assurément... Mais la tolérance de la doctrine de la messe et du confessionnal dans notre Eglise nationale sont des abus bien plus graves encore. Et, dans cette crise, nous désirons parler clairement à ceux qui gouvernent l'Eglise et à ceux qui gouvernent l'Etat, mais surtout à nos révérends Pères en Dieu. Nous leur dirons donc que retrancher certaines excroissances d'un rituel fantaisiste telles que des cérémonies de chandelles et d'encens ne suffit pas pour écarter le mal du jour et pour préserver l'Eglise du *Désétablissement*. C'est à peine s'ils touchent le bord de la question. Le mal a des racines bien plus profondes. Il faut se régler sur ce que dit Cranmer :

« *A quoi sert d'élaguer quelques branches ou de couper certaines mauvaises herbes, et de laisser vivre l'arbre, et les racines des mauvaises herbes ?*

« Ces racines, il nous dit dans son ouvrage sur le Souper du Seigneur que ce sont la doctrine de « la Présence réelle », la transsubstantiation, le sacrifice propitiatoire de la messe, et qu'aussi longtemps qu'on les tolérera, les mauvaises herbes repousseront.

« Le peuple d'Angleterre a été trop longtemps

trompé. Ses yeux sont maintenant ouverts sur autre chose qu'une question de rituel plus ou moins inoffensif, de chandelles ou d'habillements d'hommes. La question est de savoir si c'est le Romanisme qui dominera dans notre Eglise nationale, ou bien si ce sera la Réforme. »

Dès le mois de juin 1899 les deux partis déclaraient qu'aucun accord n'était possible entre eux et que leur différend ne pouvait se vider que par un duel à mort. Le *Guardian*, qui est le plus modéré des organes ritualistes, ayant dit : « Nous reconnaissons qu'avec ces Puritains d'un nouveau genre il n'y a pas de compromis possible. S'ils ne nous chassent pas de l'Eglise d'Angleterre, il faut qu'ils en sortent eux-mêmes », l'*English Churchman* lui répond : « Il semble un peu audacieux de vouloir chasser de la maison ses anciens propriétaires. Mais, après tout, pour triste qu'il soit, le fait demeure. Les anglicans soumis à la loi doivent chasser les romanisants qui la violent, ou bien ils seraient chassés par eux. Que chacun donc boucle son armure et se prépare à une rude bataille (1). »

Comment cette bataille qui dure depuis des années finira-t-elle ?

Ne sera-ce point par des mesures violentes qui amèneront une rupture entre les ritualistes et l'Eglise d'Angleterre ? C'est dans ce parti que se concentrent la force, l'éclat, la sève et la vie qui demeurent encore dans cette Eglise. En se retirant il lui causerait une blessure dont rien ne saurait le guérir.

Cette rude bataille ne finira-t-elle point par la séparation de l'Eglise et de l'Etat, le *Désétablissement?* Cette perspective du *Désétablissement* autrefois lointaine se rapproche de plus en plus, et n'inspire plus au clergé anglican l'inquiétude et la

______

(1) Numéro du 8 juin 1899.

répugnance qu'elle lui causait autrefois. Un certain nombre de *clergymen* considèrent le *Désétablissement* comme l'unique solution possible, et l'appellent de tous leurs vœux. Or, le *Désétablissement* amènerait inévitablement la dissolution de l'Eglise d'Angleterre.

Les deux partis envisagent l'avenir avec la plus vive anxiété. Un des correspondants de l'*English Churchman* lui écrivait le 27 juillet 1899 :

« En ce moment l'Eglise d'Angleterre ressemble à un vaisseau qui vogue à la dérive dans toutes les directions, le but du pilote n'étant apparemment d'aborder à aucun port, ni de se guider en suivant la carte, mais de tourner la proue du vaisseau du côté où il aperçoit pour le moment des eaux plus tranquilles. C'est là un genre de navigation qui conduit assez vite à se briser contre les écueils. »

§ X. — *Le mystère de l'anglicanisme.*

D'un autre côté l'anglicanisme, quoique déchiré par des dissensions intestines qui menacent de lui être fatales, n'en possède pas moins une force d'expansion telle qu'il se propage dans le monde entier. Il a envoyé ses missionnaires et recruté des adeptes sur tous les points du globe. Il compte en ce moment 2,600 missionnaires et 465,000 infidèles convertis, et chaque année il consacre à ses missions la somme énorme de vingt-cinq millions (1), et voyant que l'empire Britannique prend chaque jour de l'extension et lui apporte des facilités nouvelles pour son apostolat, il en conclut que Dieu est pour lui.

Dieu n'est pas pour lui. L'anglicanisme, pour

(1) On trouvera les méthodes, les ressources et les progrès de cette propagande de l'anglicanisme exposés dans l'ouvrage que nous venons de publier sous ce titre : *Les Missions Anglicanes.* Librairie Bloud et Barral.

être professé par un peuple puissant, n'en est pas moins une hérésie, et n'en constitue pas moins un des châtiments les plus terribles que Dieu puisse infliger à un peuple. Cependant, il faut bien le reconnaître, ce châtiment qui dure depuis plus de trois siècles et demi n'est pas sans un mélange frappant de miséricorde. La divine Providence n'a pas condamné le peuple anglais à un délaissement aussi complet que, généralement, nous nous l'imaginons en France. La bonne foi d'une part, et de l'autre de précieux débris du christianisme permettent à un grand nombre d'âmes de se sauver.

D'abord la bonne foi.

Il est bon que nous fassions entendre sur ce point ceux qui ont passé une partie de leur vie dans l'anglicanisme, ou qui le voient de très près.

« Le catholique de naissance, dit M. Sydney H. Little, ministre anglican converti, le catholique de naissance est étonné au-delà de toute expression quand il entend dire qu'il y a des anglicans instruits, d'un esprit cultivé, et même d'un grand savoir, des hommes fortement appliqués à leur devoir pastoral, et d'une vie exemplaire, qui, en pratique, croient presque tout ce que l'Eglise catholique enseigne, et qui cependant demeurent hors du vrai bercail. Il lui semble presque impossible de croire qu'une pareille position puisse être sincère. Que les catholiques le croient ou non, elle est sincère cependant. Je puis, je crois, affirmer à coup sûr que, parmi les ministres anglicans, pas un sur cent n'a jamais eu, un seul instant, le moindre soupçon que l'Eglise de Rome, et elle seule, soit l'Eglise de Dieu. Les préjugés héréditaires contre le papisme n'ont été que trop fidèlement transmis. Les puits sont empoisonnés (1). »

____

(1) *The Dublin review.* Octobre 1894. *The conversion of England*, by Sydney H. Little.

Voici maintenant le témoignage d'un catholique de naissance bien placé pour observer l'anglicanisme, et nullement suspect de partialité en sa faveur : c'est Son Eminence le cardinal Vaughan. Dans la très belle lettre que le cardinal a bien voulu nous adresser au sujet de notre ouvrage : « L'anglo-catholicisme », et que nous avons publiée en tête de notre volume, Son Eminence s'exprime ainsi :

« Il est un point qu'on ne saurait trop se mettre dans l'esprit et sur lequel on ne saurait trop se former des idées nettes. C'est que ceux qui ont été élevés dans le protestantisme anglais — que ce soit le protestantisme des dissidents, ou celui qui s'appelle anglican ou même « catholique » — ne ressemblent pas aux hérétiques et aux schismatiques du xvie siècle. Ils se trouvent hors de l'unité de l'Eglise sans qu'il y ait aucune faute de leur part. Ils sont là parce qu'ils ont été déshérités. Ils ont été élevés dans une atmosphère de préjugés traditionnels contre l'Eglise de Rome. Ils sont aussi sincères dans leur erreur et peut-être aussi dans leur persécution de l'Eglise que l'était saint Paul quand, « ne respirant que massacre et carnage contre les disciples du Seigneur », il se rendait à Damas en toute hâte ».

« Il est impossible de connaître ces hommes et ces femmes appartenant au rang de simples fidèles et une foule de leurs *clergymen* sans être frappé des preuves de leur ferveur, de leur bonne foi, de leur esprit de sacrifice, de leur piété, de leur amour pour Notre-Seigneur. »

Ensuite les débris de christianisme que l'anglicanisme a conservés.

Ces débris sont loin de contenir tous les moyens de salut que nous offre le catholicisme, et c'est là un grand malheur. Ils en renferment cependant qui non seulement sont suffisants, mais qui, pris en eux-mêmes, sont vraiment puissants.

En premier lieu le saint baptême.

C'est peut-être une des preuves les plus frappantes de la miséricorde de Dieu à l'égard du peuple anglais que, malgré les ardents efforts d'un certain nombre de ses partisans, la Réforme n'ait pu réussir à altérer la notion du baptême dans les formulaires si profondément hérétiques sur d'autres points de l'Eglise anglicane.

« Le xvie siècle, dit à ce sujet le révérend Darwell Stone dans l'ouvrage dont nous avons parlé plus haut, le xvie siècle fut, pour la chrétienté d'occident, une époque de tempêtes et de luttes. Durant ces luttes, parmi ceux qui se séparèrent de l'Eglise, quelques-uns perdirent la vraie doctrine du baptême, et il est possible que, parmi ceux qui lui demeurèrent attachés, il y en ait eu qui en ont perdu quelque chose. Mais nulle part cette doctrine ne fut abandonnée, ni modifiée dans l'enseignement de l'Eglise elle-même. Luther adopta des théories confuses dans lesquelles il conservait cependant la croyance dans les effets du baptême. Zwingle refusa de reconnaître dans le baptême autre chose qu'un signe. On vit les « confessions » et les « réformes » se servir de phrases plus ou moins équivoques. D'autres encore s'égarèrent en suivant la direction imprimée par Zwingle. Les opinions de Calvin, où se mêlent des inconséquences qui ressemblent à des emprunts faits au luthéranisme, se rapprochent très fort de celles de Zwingle. La doctrine de la sainte Ecriture et des Pères fut soigneusement affirmée par les déclarations officielles de l'Eglise de Rome, au concile de Trente. Elle fut affirmée avec une clarté plus grande encore dans le *Prayer-Book* de l'Eglise d'Angleterre. »

« Malgré une forte pression exercée par les adversaires de la vérité, au xvie et au xviie siècle, l'Eglise d'Angleterre eut soin de conserver, au sujet

de baptême, la doctrine qui, enchâssée dans l'Ecriture, et enseignée par l'Eglise universelle, peut à
bon droit être appelée catholique » (1).

Que le *Prayer-Book* affirme la doctrine catholique au sujet du baptême avec plus de clarté encore
que le concile de Trente, il n'y a qu'un anglican
qui puisse le soutenir. Ce qui est vrai, c'est qu'il
est impossible de ne pas reconnaître un trait
de Providence particulièrement miséricordieuse
dans ce fait qu'au milieu de l'écroulement de tant
d'autres dogmes, la doctrine du baptême est
demeurée intacte dans le formulaire de l'Eglise
anglicane, comme une colonne qui s'élève sur les
ruines amoncelées autour d'elle.

Il est vrai que, faute d'une autorité vivante, ces
formulaires ont fini par devenir lettre morte pour
un certain nombre de ministres anglicans et que
la négligence qui s'est glissée dans l'administration
de ce sacrement est de nature à inspirer, dans bien
des cas, des doutes trop fondés sur sa validité. Mais
outre que le baptême de désir peut suppléer au
baptême de l'eau, on peut espérer que les cas d'in-
validité sont, somme toute, assez peu nombreux.

Le baptême n'est pas le seul moyen de salut que
les anglicans aient à leur disposition. L'Evangile
qu'ils lisent assidûment, les grandes vérités auxquelles ils demeurent attachés, et en particulier
l'Incarnation du Verbe, et la mort du Sauveur pour
sauver le monde, sans parler des autres moyens,
suffiraient à inspirer à un grand nombre l'horreur
du péché, et, s'ils ont le malheur d'y tomber, pour
les amener au repentir.

« J'ai connu, dit le cardinal Manning dans des
notes autobiographiques reproduites dans sa vie,
j'ai connu intimement des âmes vivant de la foi,
de l'espérance, de la charité et de la grâce sancti-

(1) *The Holy Baptism.*, chap. IV, p. 57 et 58.

fiante avec les sept dons du Saint-Esprit, en humi-
lité, pureté absolue de vie et de cœur, en médita-
tion constante de l'Ecriture sainte, en une prière
continue, en un renoncement complet d'eux-
mêmes, en un travail personnel consacré aux pauvres,
ayant en un mot une vie d'une sainteté visible
aussi évidemment l'œuvre du Saint-Esprit que j'en
aie jamais rencontré. J'ai vu cela en des familles
entières, parmi les riches comme parmi les pauvres,
et dans toutes les positions sociales. »

« De plus, j'ai reçu dans l'Eglise je ne sais combien d'âmes dans lesquelles je ne pouvais trouver
de péché mortel. Elles étaient évidemment dans la
grâce de leur baptême. Des prêtres que j'ai interro-
gés m'ont rendu le même témoignage, et c'était le
témoignage unanime des jésuites à Stonyhurst en
1848, suivant ce que me disait le Père Cardella, si
je me le rappelle bien. Comment avec de tels faits
peut-on continuer à parler des hommes qui, en
Angleterre, sont en dehors de l'Eglise comme s'ils
se trouvaient simplement en état de nature, de
mauvaise foi, et comme devant être évités pour
immoralité? (1) »

Généralement, en France, les catholiques n'ont
pas assez de compassion pour les anglicans et ils
peuvent difficilement se défendre envers eux de
quelque mépris (2). Ils ne connaissent bien ni les
obstacles qu'ils ont à surmonter, ni les vertus
qu'un grand nombre pratiquent malgré les obstacles

---

(1) *Life of Cardinal Manning*, t. II, chapitre XXVII. Cette
biographie misérable dont le cardinal Vaughan a dit avec raison, dans une protestation publiée dans le *Nineteenth Century*:
« Cette vie est presque un crime », renferme néanmoins des
documents intéressants, entre autres les notes dont nous don-
nons un extrait.

(2) Rien, encore une fois nous en sommes convaincu, et c'est
cette conviction qui nous a décidé à publier une traduction de
cet ouvrage, rien ne montre mieux les anglicans sous leur vrai
jour que l'*Ame anglicane* de M. CHAPMAN.

qui peut-être nous arrêteraient nous-mêmes. « Nous devrions trembler, écrivait un Père jésuite dans le numéro de février 1899 du *Month*, nous devrions trembler de mépriser des hommes qui peuvent être, personnellement, et suivant leurs lumières, des serviteurs plus zélés du Christ que nous ne sommes nous-mêmes (1). »

Non; ne méprisons pas ces hommes. Plaignons-les de tout notre cœur. Aimons-les comme des frères égarés et prions Dieu de les ramener au sein de son Église.

(1) *The Month. Dr Pusey's Letter by Fath. Rickaby.* Febr. 1899, p. 167.

TABLE DES MATIÈRES

FIN DE LA TABLE

Imp. DESTENAY, — Bussière frères. — Saint-Amand (Cher).

www.ingramcontent.com/pod-product-compliance
Lightning Source LLC
Chambersburg PA
CBHW051133050726
47594CB00003B/1070